KB189100

붓다 한 말씀

─초기경전에서 찾은 삶의 힌트─

# 붓다 한 말씀

이미령 지음

불광출판사

1. 이 책에 수록된 경전은 전재성 역주의 『니까야 전집』(한국빠알리성전협회 간행, 이하 전재성 본이라 함)을 바탕으로 각묵 스님 역주의 『니까야 전집』(초기불전연구원 간행), 『남전대장경』 등을 참고했습니다.

2. 각 장에 소개된 니까야 경전을 더 자세한 한글 번역본으로 읽으실 분은 다음을 참고하시기 바랍니다.

〈여섯 방향으로 읽는 인간관계〉
　전재성 본 『디가 니까야』제3품, 「31. 씽갈라까에 대한 훈계의 경」

〈돈은 나쁜 것일까?〉
　전재성 본, 『앙굿따라 니까야』제4권, 7. 알맞은 처리의 품 4:62(7-2), 「빚 없음의 경」
　전재성 본, 『앙굿따라 니까야』제5권, 23. 장기간 유행하는 자의 품 5:227(23-7)「재물의 경」
　전재성 본, 『앙굿따라 니까야』제5권, 5. 문다 왕의 품 5:41(5-1)「다섯 가지 재물의 사용에 대한 경」
　전재성 본, 『앙굿따라 니까야』제6권, 5. 담미까의 품 6:45(5-3)「빚의 경」
　전재성 본, 『쌍윳따 니까야』제1권, 제3(1-3) 쌍윳따 꼬살라의 모음, 1. 속박의 품, 2. 아들 없음의 품 3:17(2-7)「방일하지 않음의 경」/ 3:18(2-8)「좋은 친구의 경」/ 3:19(2-9)「아들 없음의 경 ①」/ 3:20(2-10)「아들 없음의 경 ②」

〈사랑을 보는 관점〉
　전재성 본, 『앙굿따라 니까야』제4권, 6. 공덕이 넘침의 품 4:53(6-3)「결혼 생활의 경 ①」/ 4:55(6-5)「동등한 삶의 경 ①」/ 4:56(6-6)「동등한 삶의 경 ②」/ 4:57(6-7)「쑵빠바사의 경」/ 4:58(6-8)「쑤닷따의 경」/ 4:59(6-9)「음식의 보시에 대한 경」/ 4:60(6-10)「재가자에게 알맞은 길의 경」
　전재성 본, 『앙굿따라 니까야』제6권, 2. 기억해야 할 원리의 품 6:16(2-6)「니꿀라삐따의 경」

〈세상의 꼴을 살피다〉
　　전재성 본,『디가 니까야』제3품,「27. 세계의 기원에 대한 경」
〈붓다로 가는 길〉
　　전재성 본,『디가 니까야』제3품,「30. 위대한 사람의 특징에 대한 경」
3. 니까야를 제외한 다른 경전(『출요경』,『유가사지론』,『장아함경』,『법구경』)은 동국역경원에서 간행한『한글대장경』을 참고했습니다.
4. 본문 중에 언급한 니까야 주석서는 전재성 본의 니까야 각주와『남전대장경』의 해당 경전 각주를 참고했습니다.
5. 본문 중 〈돈은 나쁜 것일까?〉와 〈사랑을 보는 관점〉은 동산반야회 회보《붓다동산》과 불교여성계발원소식지《우바이예찬》에 실었던 글을 바탕으로 내용을 보충했습니다.

한길을 걸어가는 보살이여

항상 고요한 마음에 머물러

검소한 생활과 봉사에 힘쓰라

그 마음이 미묘하게 움직여 주리라

— 병고 고익진, 「일승 보살의 노래」

"나와 함께 이 길을 가련?"

이라며

이끌어주신

고(故) 고익진 선생님께

이 책을 바칩니다.

## 붓다를 만나는 목요일 저녁 7시

이른 시각, 눈이 뜨입니다.

잠도 달아나버리고, 눈을 뜬 채 가만히 누워서 천장을 봅니다. 초기경전 니까야를 읽기 시작한 지 어느새 7년. 시간은 정말 흐르는 물과 같습니다. 7년 동안 목요일 저녁마다 니까야(아함경)를 읽어왔습니다. 그 엄청난 분량을 오직 다 읽겠다는 결심 하나로 시작했는데, 어느새 막바지에 이르렀습니다.

니까야를 읽는다는 것은 붓다의 목소리에 가장 가깝게 다가가는 일입니다. 학자들은 니까야를 "붓다의 원음(原音)이다, 아니다"라며 논쟁을 벌이기도 합니다.

여기서 말하는 '원음'은 아마도 '붓다의 입에서 나온 말씀'이라는 뜻으로 쓰였을 것입니다. 동북아시아 한자문화권에서는 '금구소설'이라는 말이 더 친숙합니다. 금구(金口)는 붓다의 입을 높여서 부르는 말이고, 소설(所說)은 '말한 것' 또는 '말'이라는 한자어이니, 금구소설은 말 그대로 붓다의 입에서 나온 말입니다. 간혹 직설

(直說)이라는 말도 드문드문 보입니다. 직설은 에둘러 말하지 않고 문제점을 정확하게 지적해서 일깨워준다는 뜻도 있지만, '직접 말하다'라는 뜻으로도 쓰입니다.

사람들은 참 궁금해합니다.

"붓다께서는 어떤 말씀을 하셨나요?"

"붓다께서 그 말을 진짜 하셨어요?"

"붓다께서 살아 계실 때는 말씀을 그냥 듣고 외웠다가 수백 년이 지나서야 문자로 남겼으니, 그 사이 의도적이든 그렇지 않든 내용이 잘못 전해져 왔을 수도 있지 않나요?"

"붓다야말로 우상숭배를 멀리하고 오직 스스로를 믿으라고 말씀하셨다는데, 경전에 쓰였다고 무조건 믿는 불자들의 태도가 과연 바람직한 것인가요?"

이런 물음에 "그렇다, 아니다"로 똑 부러지게 대답하기는 어렵습니다. 학자들은 이에 대해 엄청난 담론들을 쏟아내며 답하겠지만, 저는 좀 간단하게 말합니다.

팔만사천법문이 죄다 붓다의 말일 수는 없겠지만, 그 모든 이야기들은 분명 붓다의 입에서 출발했으며, 2,600여 년이라는 불교 역사에 걸맞게 어마어마한 시간과 공간의 옷을 입고 변형되기도 했습니다. 그중에서도 시기상으로나 내용상으로나 붓다의 친설(親說)에 가장 가깝고, 그 원형을 간직하고 있는 것이 니까야입니다.

"그렇다면 수많은 대승경전은 다 가짜라는 건가요?"라는 물음이 이어질 수 있습니다. 아시겠지만, 대승경전의 숫자는 어마어마합니다. 하지만 대다수 대승경전이 붓다의 친설이라 여기는 니까야의 내용을 폭넓게 수용·답습하고 있습니다. 대승경전이 니까야의 내용을 좀더 응용·확대하고 있고, 철학적으로나 문학적으로 매우 자유롭게 엮어냈기 때문에, 대승경전을 '붓다가 지향한 경지'로 여겨도 좋을 것 같습니다.

다시 말해서, 니까야는 붓다께서 어떤 말씀을 하셨는지를 익히는 데 도움이 되고, 대승경전은 불교를 믿는 사람들이 결국 무엇을 지향해야 하는지 일러주는 것으로 저는 보고 있습니다. 니까야를 통해 붓다께서 말씀하신 내용을 터득했다면, 대승경전은 여기서 한 걸음 더 나아가 어떤 마음가짐으로 살아야 하고 어떤 시각으로 인간과 세상을 보고 살아야 하는가에 대한 힌트를 주는 것이지요.

저와 니까야의 인연은 좀 오래되었습니다. 정확하게 말씀드리면, 은사님이신 고(故) 고익진 교수님께 아함의 교리를 배웠고, 이후 한문본 아함경을 꾸준히 읽어왔습니다. 그러던 어느 날 지금은 고인이 되신 동산반야회의 김재일 이사장께 호출을 받았습니다.

"우리 동산법당에 오셔서 니까야 읽기를 함께해주지 않겠습니까? 한 7년은 읽어야 완독할 수 있지 않을까요? 매주 목요일에 읽었으면 하는데, 길라잡이 역할을 좀 해줬으면 합니다."

저는 재고할 것도 없이 "해보겠습니다"라고 대답했습니다. 지금 생각해보면 그땐 무슨 배짱으로 그 긴 여행에 길라잡이 역할을 자처했는지 알다가도 모를 일입니다.

아무튼 그 이후 저는 매주 목요일 저녁 7시면 무슨 일이 있어도 니까야를 읽는 자리에 나갔습니다. 처음에는 수십 명이 함께 시작했지만 어느새 열 명 남짓만 남게 되었고, 그들이 마지막까지 벗이 되어 함께했습니다. 그런데 벗님들과 함께 니까야를 읽자니 마음 속에 자꾸 물음이 생겼습니다.

'지금 읽고 있는 이 경은 일상생활을 하며 살아가는 사람들에게 어떤 의미일까? 과연 경전의 내용이 이 아줌마, 아저씨들에게 유효할까? 초기경전의 내용이 힘든 삶에 비타민이 될 수 있을까?'

이런 물음을 갖게 된 이유는 니까야에 담긴 경 대부분이 "비구들이여" 또는 "수행승들이여"와 같이 출가제자들에게 들려주는 붓다의 말씀이기 때문입니다. 세속의 삶을 접고 출가한 사람들, 그러니까 지지고 볶고 살아가는 삶의 방식을 거부하고, 소비와 노동과 연애와 육아와 효도와 납세를 포기한 스님들에게 들려주는 말씀이기 때문입니다.

이런 붓다의 말씀이 하루 일과를 마치고, 가쁜 숨을 내쉬며 자리한 저 아주머니, 아저씨들에게 어떤 의미가 있을지 솔직히 불안했습니다. 그렇다고 니까야의 내용 중에서 재가자에게 일러주는 것만 추려서 읽자니 그것도 만족스럽지 않았습니다. 또한 뜻 있는 학자들이 그토록 고생해서 붓다의 친설을 우리말과 글로 옮겨 놓았건만, 여전히 초기경전과 사람들이 쉽게 만나지 못하는 것이 안타까웠습니다.

하여, 용감하게 마음을 냈습니다.

그동안 니까야를 읽으면서 어떻게 하면 저 같은 재가자들도 편하게 경전을 받아들일 수 있을까를 생각하다가 조금 다른 각도에서 경전 내용을 보려고 애를 썼습니다. 그 결과물로 초기경전을 처음 만나는 사람들이 꼭 읽었으면 하는 경전 구절 몇 가지를 추리고 설명을 보태서 한 권의 책으로 엮었습니다.

이 책이 초기경전과 사람들을 잇는 다리 노릇이라도 했으면 하는 마음으로 엮었으며, 부디 많은 사람들이 초기경전 니까야와 친해지기를 바랍니다.

7년이라는 시간은 소중한 벗들과의 만남이어서 더 즐거웠습니다. 박주석 님의 뚝심, 이인희 님의 사색, 박영철 님의 문제 제기, 안순자 님의 정성, 박명숙 님의 배려, 이낙영 님의 재치 그리고 최성순 님의 공감이 없었다면 제 인생에 뜻깊은 7년은 처음부터 없었을지도 모릅니다. 처음에는 함께했지만 피치 못할 사정으로 인연을 잠시 쉰 많은 분들에게도 인사드립니다. 고맙습니다.

이 책은 대장경이라는 망망대해를 항해하기에는 턱없을지도 모릅니다. 그야말로 나뭇잎으로 만든 배요, 그것도 쪽배입니다. 그래도 갸륵하게 여겨주셨으면 좋겠습니다. 혹시 압니까? 이 작은 정성이 물꼬가 되어 언젠가는 피안이라는 항구에 도착할 수 있을지.

그리고 마침내 저 언덕으로 건너가 반갑게 인사를 건넬지도 모릅니다.

"안녕하세요, 부처님!"

2013년 11월
이미령 손 모으고

〈 여섯 방향으로 읽는 인간관계 〉

"세존이시여, 참으로 훌륭하십니다. 마치 넘어진 자를 일으켜 세우듯이, 덮인 것을 벗겨내주듯이, 길 잃은 자에게 길을 가리켜주듯이 '눈 있는 자들은 보아라' 하며 어둠 속에 등불을 내걸듯이, 세존은 다양한 방법으로 법을 설해주셨습니다. 세존이시여, 저는 세존과 가르침과 승가에 귀의합니다. 세존께서는 저를 지금부터 평생 귀의한 자로서 받아주십시오."

— 『디가 니까야』 제3품 31번 「씽갈라까에 대한 훈계의 경」 중에서

## 초기경전 니까야의 탄생

사람들은 경전 내용이 참 좋다고 말합니다. 하지만 대부분 '좋기는 한데 일상생활에 적용하기는 어렵다'고 고백합니다. 우리가 만나는 경전, 특히 니까야와 같은 초기경전은 출가한 스님을 위한 경이 거의 대부분입니다. 니까야를 읽다 보면 '스님들이 읽어야 할 내용인데, 재가자인 내가 이런 경까지 꼭 읽어야 하나?'라는 의문이 들 때가 많습니다. 당연합니다.

왜냐하면 초기경전 니까야는 출가 스님이 주도해서 만들었기 때문입니다. 경전이 세상에 나오게 된 것은 붓다가 세상을 떠난 직후 다 늦게 출가한 스님의 "잔소리쟁이가 세상을 떠났으니 이제 좀 편하게 살겠다"라는 말 때문이었습니다. 꼼꼼하고 진지하기로 둘째가라면 서러울 가섭 존자가 이 말을 들었을 때, 그의 마음은 말 그대로 하늘이 무너지는 듯했을 겁니다.

'붓다의 다비식을 치르기도 전에 벌써 저런 말이 나오고 있으니, 장차 1년, 10년, 100년이 지난 후에는 사람들이 붓다라는 존재 마

저도 까맣게 잊어버리겠구나.'

결국 가섭 존자의 이런 위기감이 붓다의 말씀을 모두 외워서 모아보자는 결심으로 이어지게 되었고, 이후 500명의 성자(아라한)가 모여 붓다께서 대중들에게 하신 법문을 모조리 기억해내게 됩니다.

우리가 지금 만나고 있는 경전, 특히 초기경전 니까야의 첫 작업은 이렇게 스님으로만 이루어진 승가에서 외워낸(송출) 것입니다. 이렇듯 스님들이 주도한 작업이었기 때문에, 붓다가 재가자에게 말씀하신 내용까지 다 들어갔을지는 의문입니다. 왜냐하면 수행자에게는 그다지 필요하지 않은 법문이었을 수도 있기 때문입니다.

그 결과 오늘날 초기경전 니까야를 읽어 보면 재가자를 위한 내용은 눈에 잘 띄지 않는 반면, 출가수행이 얼마나 뜻깊고 행복한가에 대해 강조하는 내용이 대부분을 차지합니다.

이러한 상황에서 재가자를 위한 법문인 「씽갈라까에 대한 훈계의 경」(이후 「씽갈라까 경」)은 그야말로 가뭄 속에 만난 단비와도 같습니다. 동남서북상하의 여섯 방향을 공경하는 것과 관련된 내용이어서 흔히 「육방예경(六方禮經)」이라고도 불리는 이 경전은 이른 아침 붓다와 씽갈라까라는 남자의 만남으로 시작합니다.

# 이른 새벽의 만남

이와 같이 나는 들었다. 어느 날 세존께서 라자가하의 벨루 숲에 있는 깔란다까니바빠에 계셨다. 그때 장자의 아들 씽갈라까가 아침 일찍 일어나 라자가하에서 나와 옷과 머리를 물로 적시고 합장한 뒤 동쪽, 남쪽, 서쪽, 북쪽, 아래, 윗 방향에 절을 올렸다.

마침 세존께서 아침 일찍 옷을 입고 발우와 가사를 들고 라자가하로 탁발하러 들어오셨다가 씽갈라까가 여섯 방향에 절을 하는 모습을 보셨다. 세존께서 물으셨다.

"장자의 아들이여, 아침 일찍 여섯 방향에 절을 하는 이유는 무엇입니까?"

"세존이시여, 아버지께서 임종하실 때 제게 여섯 방향에 절을 올리라고 당부하셨습니다. 아버지의 유언을 지키려고 여섯 방향에 절을 올리고 있습니다."

세존께서 말씀하셨다.

"장자의 아들이여, 성자의 율에서는 그런 식으로 여섯 방향에 절을 올리지 않습니다."

"성자의 율에서는 어떻게 여섯 방향에 절을 올립니까? 제게 가르쳐 주십시오."

"잘 듣고 마음에 새기십시오. 내가 그대에게 들려주겠습니다."

— 『디가 니까야』 제3품 31번 「씽갈라까에 대한 훈계의 경」

어느 날 이른 아침, 씽갈라까는 강물에 목욕을 한 뒤 동남서북상하의 여섯 방향에 대고 공손하게 절을 올리는 의식을 치르고 있었습니다. 이 모습을 본 붓다께서 물으십니다.

"지금 그렇게 여섯 방향에 절을 하는 이유는 무엇입니까?"

씽갈라까가 대답합니다.

"돌아가신 제 아버님께서 신신당부하신 일입니다. 우리 집안은 대대로 여섯 방향의 신을 모시고 있는데, 제가 가장이 된 뒤에도 잊지 말고 아침마다 기도를 올리라고 하셨거든요."

사실 씽갈라까의 아버지는 붓다께 깊은 믿음을 가진 재가불자였습니다. 하지만 그의 아들이자 이 경의 주인공인 씽갈라까는 삼보(三寶)에 대해서는 관심도 없었습니다. 아버지는 아들을 불교와 맺어주려 했지만 아들은 요지부동이었습니다.

"붓다와 스님들을 만나봤자 절해야 하고, 절을 하자니 허리 아프고 옷만 더러워지는데 그런 일을 왜 합니까? 또 자꾸 만나면 어쩔 수 없이 집으로 모시고 와서 음식을 드려야 하는데, 딱히 그것이 제게 이익을 가져올 것 같지 않습니다. 그냥 아버님만 믿으십시오. 저는 지금처럼 지내겠습니다."

아들을 붓다와 인연 맺어주지 못한 것이 사무쳤던 걸까요? 씽갈라까의 아버지는 임종할 때 아들에게 이런 유언을 합니다.

"아들아, 내가 세상을 떠난 후에 매일 아침 깨끗이 목욕한 뒤 동남서북상하 여섯 방향에 절을 올려라."

씽갈라까의 아버지는 뜻한 바가 있었습니다. 자기 아들이 매일 아침 이런 의식을 치르다보면, 아침마다 탁발하러 다니시는 붓다의 눈에 띌 것이요, 그러면 분명 붓다께서 그냥 지나치지 않고 아들과 이야기를 나누실 거라 기대했던 것입니다.

아들은 아버지의 속뜻은 전혀 알아차리지 못한 채 '간절한 마음으로 여섯 방향에 예를 올리면 행복한 일이 찾아온다'는 아버지의 유언만 듣고, 착실하게 실천하는 중이었습니다.

아버지의 바람대로 아들은 붓다를 만나게 되었고, 붓다께서는 그런 씽갈라까에게 이렇게 말씀하셨습니다.

"성자의 율에서는 그런 식으로 여섯 방향에 절을 하지 않습니다."

씽갈라까의 귀가 솔깃해집니다.

"그렇다면 성자의 가르침에서는 어떻게 절을 하라고 가르칩니까?"

참고로 '성자의 율'이란 부처님을 비롯한 '현명하고 어진 이들의 가르침과 전통'이라는 뜻입니다.

이리하여 붓다의 법문이 시작됩니다.


## 더러움에 물든 네 가지 행위

초기경전을 읽을 때마다 느끼지만, 붓다께서는 누군가와 이야기를 나눌 때 상대방이 아무리 터무니없는 말을 해도 중간에 말을 자르거나 전적으로 부정하지 않습니다. 돌아가신 아버지의 유언을 받들어 여섯 방향에 대고 절을 하는 것이 최선이라고 믿고 있는 사람에게 "그런 건 다 미신이야. 그러니까 하지 마!"라는 식으로 말씀하지 않았다는 걸 유념해야 합니다. 대신 세상 사람들이 고집하는 형식은 그대로 가져가면서도 '조금은 다른 각도에서 생각해보자, 그리하면 형식과 내용이 좀더 아름답고 완벽해지지 않겠는가'라는 것이 붓다께서 설법하실 때 지키는 규칙입니다.

무시당하지 않고, 자신의 방식을 온전히 인정받으면서 붓다가 일러주는 내용까지 덤으로 챙긴다면 이보다 더 좋을 수는 없겠지요. 자신이 거부당했다는 생각을 하지 않는 한 사람들은 언젠가는 마음을 열기 마련입니다. 마음을 열면 귀가 솔깃해지고, 귀를 기울이게 됩니다. 호기심이 생긴 사람은 물을 수밖에 없지요.

"그렇다면 성자의 가르침에서는 어떻게 절을 하라고 가르칩니까?"

씽갈라까가 붓다께 질문을 했습니다. 대화가 시작된 것입니다. 그토록 아버지가 이어주려 했던 인연의 끈이 자연스럽게 시작됩니다.

붓다의 법문은 항상 누군가의 질문에서 시작됩니다. 물론 붓다께서 혼자 감흥에 젖어 법문을 하시는 경우도 있지만, 대부분의 법문은 질문에서 시작됩니다. 묻지 않으면 답이 나오지 않으니까요.

또한 붓다께서 질문을 유도하는 것은 상대방을 이야기에 자연스럽게 동참시키겠다는 의도로도 볼 수 있습니다. 그렇기 때문에 붓다의 법문은 설법하는 자와 법문을 듣는 청중이 함께 엮어내는 하모니입니다.

씽갈라까의 질문을 기다렸다는 듯 붓다의 말씀이 이어집니다.

장자의 아들이여, 성스러운 제자는 더러움에 물든 네 가지 행위를 떠나 있습니다. 그리고 네 가지 악한 동기 때문에 그릇된 일을 하지 않으며, 재산을 잃는 등 여섯 가지 파멸의 문이 되는 행동을 하지 않습니다. 이렇게 해서 먼저 열네 가지 악한 일을 떠난 뒤에 여섯 방향을 지키며 이 세상과 저 세상을 정복하기 위해 수행하며 살아갑니다. 그러면 이 세상과 저 세상이 만족스러워지고, 죽은 뒤에는 좋은 곳에 태어나게 됩니다.

— 『디가 니까야』 제3품 31번 「씽갈라까에 대한 훈계의 경」

씽갈라까가 궁금해하는 '성자의 가르침에서 일러주는 여섯 방향에 절하는 법'을 시작하기에 앞서 살펴야 할 사항이 먼저 나옵니다. 마치 본격적인 운동에 들어가기 전에 몸 풀기 체조를 하듯이 말입니다. 바로 네 가지 악업, 악업을 짓는 네 가지 근거, 그리고 재물을 잃는 여섯 가지 행동 등 총 열네 가지에 대한 법문입니다.

결론부터 말씀드리면 여섯 방향은 여섯 가지 인간관계를 말하는데, 인간관계를 제대로 맺고 살아가려면 먼저 자신의 행동부터 점검해야 한다는 뜻입니다. 먼저 악업을 짓지 않고, 스스로의 마음 속을 잘 살펴 악업을 불러일으키는 악한 동기가 있는지를 살펴보고, 재가인이 매우 소중하게 여기는 재물을 잃게 하는 여섯 가지 행동을 조심하라고 말합니다. 이렇게 자신을 살피고 나서 인간관계를 잘 유지하는 것이 여섯 방향을 지키는 길이며, 이것이 성자의 가르침에서 말하는 여섯 방향에 절을 하는 방법이라고 붓다는 설명합니다.

그런데 붓다의 말씀대로 하면 과연 좋은 게 있을까요?

있다고 합니다. 살아가는 동안 이 세상에도 좋고, 다음 생의 저 세상에도 좋은 일이 따른다고 합니다.

살아가는 동안 좋은 일이 생긴다는 것은 우리 눈앞에서 벌어지는 결과이기 때문에 바로 확인할 수 있지만, 다음 생에 좋을지 안 좋을지는 알 수 없습니다. 하지만 붓다는 불안해하지 말라고 말합니다. 지혜로운 사람은 자신에게 해가 될 일을 하지 않고 유익한 일을 하니 그게 바로 선업이요, 자신에게 해가 되지 않게 하려면 주위를 먼저 살펴야 하는데, 이렇게 주변을 살피는 사람이 하는 일에 슬픔이나 재앙이 찾아오지는 않는다는 것이지요. 살아 있는 동안 늘 행복이 따라오고, 세상을 떠날 때에는 고독하거나 불안해지지 않아서 좀더 안락한 생으로 이끌어준다는 것입니다.

다시 열네 가지에 대한 자세한 이야기가 이어집니다.

그렇다면 제일 먼저, 더러움에 물든 네 가지 행위를 떠나야 한다고
했는데, 더러움에 물든 네 가지 행위란 무엇일까요?

첫째 살아 있는 생명을 죽이는 것, 둘째 주지 않은 것을 갖는 것, 셋
째 그릇된 성관계를 갖는 것, 넷째 거짓말을 하는 것.

이것이 더러움에 물든 네 가지 행위이며, 성스러운 제자는 이 네 가
지 행위를 떠나야 합니다.

—『디가 니까야』 제3품 31번「성갈라까에 대한 훈계의 경」

더러움에 물든 네 가지 행위는 우리가 늘 받아 지니는 오계(五
戒) 중의 네 가지를 말합니다.

'더러움에 물든 네 가지 행위를 떠나라', '살아 있는 생명을 해치
는 일, 주지 않은 것을 갖는 일, 그릇된 성관계를 갖는 일, 거짓말하
는 일을 멈추는 일부터 시작하라'가 붓다께서 우리에게 권하는 삶
의 방식입니다.

사람들은 신앙생활을 한다는 명목 아래 매일 일정 시간 경전이
나 염불을 외고, 참선을 하고, 성지순례 또는 삼천 배를 합니다. 하
지만 붓다의 입장은 단호합니다.

"위의 네 가지를 멈추지 않고 참선을 하거나 염불을 한다? 그대
들은 대체 뭘 기대하는가?"라는 것이지요.

다시 경전으로 돌아가겠습니다.

네 가지 악한 동기 때문에 그릇된 일을 하지 않는다고 했는데, 네 가지 악한 동기란 무엇일까요? 욕망, 분노, 어리석음, 두려움입니다. 사람은 욕망 때문에 그릇된 행위를 하고, 분노 때문에 그릇된 행위를 하고, 어리석음 때문에 그릇된 행위를 하며, 두려움 때문에 그릇된 행위를 합니다. 이 네 가지 악한 동기로 그릇된 일을 해서는 안 됩니다.

— 『디가 니까야』 제3품 31번 「씽갈라까에 대한 훈계의 경」


사람이 악업을 짓는 데에는 네 가지 배경이 있다고 했습니다. 바로 욕망(chanda), 분노(dosa), 어리석음(moha), 두려움(bhaya)입니다.

내게 유리하고 내 마음에 흡족한 대상으로만 치닫고 편애하는 것이 욕망입니다.

내게 유리하지 않고 마음에 들지 않는 대상에게 불이익을 주는 것이 분노입니다.

일의 이치에 따라 합리적이고 객관적으로 상대를 대하지 않고, 자기 이익(행복)과 불이익(불행)을 가르는 데 눈이 어두워 자신의 잣대로 상대를 대하는 것이 어리석음입니다.

혹시나 자신에게 불이익이 찾아올까 싶어 상대를 편애하는 것이 두려움입니다.

사람의 마음속에 이 네 가지 중 하나라도 깃들 때 그 사람의 업은 악업이 된다는 것입니다. 악업은 짓는 동안에도 힘들고, 짓고 나서도 힘들다고 붓다는 늘 말했습니다. 따라서 행복하게 살기를 원한다면 자신의 생각 속에 욕망, 분노, 어리석음, 두려움이 들어 있지는 않은지 늘 살펴야겠지요.


## 여섯 가지 파멸의 문

재산을 잃는 여섯 가지 파멸의 문이 되는 행동이란 무엇일까요?

장자의 아들이여,

사람을 게으르게 만드는 술에 빠지는 일은 재산을 잃는 첫 번째 파멸의 문입니다.

때 아닌 때에 정신없이 거리를 돌아다니는 일은 재산을 잃는 두 번째 파멸의 문입니다.

구경거리에 정신이 팔려 다니는 일은 재산을 잃는 세 번째 파멸의 문입니다.

사람을 게으르게 만드는 도박에 빠지는 일은 재산을 잃는 네 번째 파멸의 문입니다.

나쁜 친구와 사귀는 일은 재산을 잃는 다섯 번째 파멸의 문입니다.

나태에 빠지는 일은 재산을 잃는 여섯 번째 파멸의 문입니다.

— 『디가 니까야』 제3품 31번 「씽갈라까에 대한 훈계의 경」

무엇이든 잘 되기를 바라는 세상에서 파멸의 문으로 나아가는 것처럼 안타까운 일이 어디 있겠습니까? 한 푼이라도 더 벌어야 하는 세상에서 모은 재산을 다 잃어버리고, 앞으로도 재산을 모을 가망이 없다는 것은 생각만 해도 비참합니다. 「씽갈라까 경」에서는 이런 파멸을 불러오는 데에는 여섯 가지가 있다고 말합니다. 바로 술에 빠지는 일, 하릴 없이 돌아다니는 일, 구경거리에 몰두하는 일, 도박에 빠지는 일, 나쁜 친구와 사귀는 일, 나태에 빠지는 일입니다.

그럼 이 여섯 가지 항목이 각각 어떤 식으로 파멸을 가져오는지, 다시 경을 살펴보도록 하겠습니다.


## 그 좋은 술을 마시지 말라고?

장자의 아들이여,
사람을 게으르게 만드는 술에 빠지는 일에는 여섯 가지 위험이 있습니다.
첫째, 지금 이 세상에서 재산을 잃고,
둘째, 불화를 낳고,
셋째, 병이 생기고,
넷째, 불명예가 따르고,

다섯째, 뻔뻔스러워지고,

여섯째, 지혜가 약해집니다.

—『디가 니까야』 제3품 31번 「씽갈라까에 대한 훈계의 경」


인생을 살아가면서 술 한잔 나누는 재미도 없다면 삶은 참 팍팍할 것입니다. 하지만 경전에서는 술에 대해서 매우 부정적입니다. 무엇보다 술을 마시지 말아야 하는 여섯 가지 이유 가운데 재산을 잃게 될 위험이 있다는 지적은 눈여겨볼 만합니다. 부자가 되려면 돈을 모아야겠지만 그보다 먼저 돈이 새나가는 '음주'부터 멈추라는 뜻이겠지요. 붓다는 한 푼이라도 더 벌자고 힘들게 살아가는 재가자의 삶을 그대로 수긍하고 있다는 걸 알 수 있습니다.

술은 세상에서 벌어지는 갈등과 폭력의 주요 원인이 되는 경우가 많습니다. 또한 몸에 병을 부르고, '저 사람은 툭하면 술을 마신다'는 소문이 퍼지기라도 하면 손가락질이나 비방을 받기 쉬우며, 자꾸 마시다 보면 뇌에 무리가 가서 이성적인 판단을 하는 데에도 지장을 줍니다.

특히 술의 폐해 가운데 다섯 번째 '뻔뻔스러워진다'는 항목도 재미있습니다. 주석서의 설명에 의하면 '뻔뻔스러워진다'라는 것은 술에 취해서 옷을 벗거나, 제 몸의 치부가 드러나도 가릴 줄 모르는 것을 말합니다.

역시나 술에 대해서는 참 할 말이 많습니다. 무엇보다도 저 역시 한잔 술이 주는 즐거움을 잘 알고 있는 터라 불음주계(不飮酒戒)를 접할 때면 기분이 착잡해진다는 걸 고백해야겠습니다.

본래 인류는 아주 오래 전부터 술을 마셔왔습니다. 그리고 술은 일종의 약으로도 쓰였습니다. 자연에서 나는 식물들을 발효하면 그야말로 천연의 좋은 술이 만들어졌고, 사람들은 그 술을 신에게 올리거나 연회를 할 때 마시며 삶을 즐겼습니다. 하지만 문제는 술 마신 사람의 태도입니다. 그래서 우리가 기본적으로 습관을 들여야 할 다섯 가지 사항(오계) 가운데 살생, 도둑질, 사음, 망어는 그 행위 자체에 문제가 있어 성계(性戒)라고 하지만, 음주 하나 만큼은 술 자체가 아닌 술 마신 사람의 행동이 문제가 되기 때문에 차계(遮戒)라고 합니다.

이렇듯 술이라는 건 정말 요상한 물건입니다. 마시면 사람을 뺑돌게 만들기 때문이죠. 그래서 『대품반야경』(大品般若經)의 주석서인 『대지도론』(大智度論)에서는 "술에도 좋은 점이 있는데 왜 마시지 말라고 하는가?"라는 질문을 내고 그에 대해 이렇게 대답합니다.

"좋은 점도 있지만 이보다 나쁜 점이 더 많기 때문에 마시지 않는 게 좋다."

「씽갈라까 경」에서는 술에 여섯 가지 위험이 있다고 말하지만 『대지도론』에서는 무려 서른다섯 가지나 되는 허물이 있다고 말합니다.

1. 술에 취하면 절제할 줄 모르고, 이로 인해 함부로 돈을 써버리므로 재산이 헛되이 사라진다.

2. 온갖 병을 부른다.

3. 모든 싸움의 원인이 된다.

4. 술에 취하면 벌거벗기 일쑤인데, 부끄러운 줄도 모른다.

5. 좋지 않은 소문이 나서 사람들에게 흉잡힌다.

6. 지혜가 흐려진다.

7. 재산을 모으지 못할 뿐만 아니라 이미 모은 재산도 잃는다.

8. 술에 취하면 비밀을 모조리 발설하게 된다.

9. 어떤 일도 해내지 못한다.

10. 취중에 실수를 저지른 뒤 깨고 나서 부끄러워하니 근심의 원인이 된다.

11. 체력이 점점 약해진다.

12. 몸의 건강한 기색이 줄어든다.

13. 아버지를 공경할 줄 모른다.

14. 어머니를 공경할 줄 모른다.

15. 수행자를 공경할 줄 모른다.

16. 바라문을 공경하지 않는다.

17. 분별력을 잃어버리므로 집안의 어른을 공경하지 못한다.

18. 붓다를 공경하지 못한다.

19. 가르침을 공경하지 못한다.

20. 승가를 공경하지 못한다.

21. 나쁜 사람들과 어울린다.

22. 어진 사람을 멀리한다.

23. 계를 지키지 못한다.

24. 부끄러운 줄 모른다.

25. 눈, 귀, 코, 혀, 몸, 의지를 지키지 못한다.

26. 바깥의 경계(특히 이성)에 홀려 마음이 흐트러진다.

27. 술에 취하면 사람들이 미워하고 보기 싫어한다.

28. 친척 가운데 귀한 사람이 외면한다.

29. 착하지 못한 일을 저지른다.

30. 착한 일을 하지 않게 된다.

31. 게을러지기 때문에 현자들이 신뢰하지 않는다.

32. 열반에서 자꾸 멀어진다.

33. 제정신을 잃고 미치광이가 될 우려가 크다.

34. 죽은 뒤 다음 생에 지옥에 떨어진다.

35. 사람으로 태어나더라도 늘 제정신을 잃고 지낸다.

서른다섯 가지 항목은 겹치는 내용도 많지만 이렇게 많은 허물
이 있는 것이 바로 술이라는 겁니다. 하지만, 아무리 그래도 사람
사는 세상에서 술도 안 마시고 각박해서 어떻게 사느냐고 항변할
수 있습니다. 거듭 말씀드리지만 한두 잔의 즐거운 자리야 어쩌겠

습니까. 다음 날 차질이 생기지 않고 긴장과 피로를 풀 수 있는 정도라면 문제 삼을 것도 없습니다. 다만, 늘 지나쳐서 문제인 것이지요.


## 유마처럼 술을 마신다면

음주의 좋은 예를 들자면 『유마경』의 주인공 유마 거사를 꼽을 수 있습니다. 유마 거사는 붓다도 인정한 도인이지만 술집도 예사로 드나들었던 인물입니다. 『유마경』에는 그에 대해 이렇게 말하고 있습니다. "유마 거사는 어떤 술집에라도 들어갔는데, 들어가서는 능히 그 뜻을 세웠다[入諸酒肆能立其志]."

술집에 들어가서 능히 뜻을 세운다는 것은 술에 취한 사람들이 빨리 제정신으로 돌아오게 한다는 뜻입니다. 유마 거사가 술집에 들어가서 꼭지가 돌아버릴 정도로 만취한 사람들과 이야기를 나눕니다. 물론 그의 손에도 술잔은 쥐어져 있겠지요. 그런데 이런저런 이야기를, 그야말로 취중진담을 나누는 가운데 만취한 사람들의 술기운이 가시고 맑은 정신이 돌아온다는 것입니다.

중국 명대 화엄학승인 통윤(通潤)의 설명에 따르면, "술은 방일문(放逸門)을 여니, 술집에 들어가되 능히 뜻을 세운다는 것은 저 규기(窺基), 제전(濟顚)의 무리처럼 술에 부림을 받지 않고 술을 부리는 것이다"라고 합니다. 『통윤의 유마경 풀이』를 번역한 일지 스님은, 규기는 중국 당나라 때의 인물로 현장 삼장의 제자인데 언제나 음식과 술, 시녀를 실은 석 대의 수레가 따를 정도로 자유분방했으며, 제전은 중국 남송 때의 인물로 불가사의한 신통력으로 탐관오리들을 혼내고 가난한 민중들을 도운 선승이었다고 친절하게 설명하고 있습니다.

이처럼 취하지 않고 술을 이길 수 있다면 무슨 문제가 있겠습니까? 다만, 우리가 제전 선사나 유마 거사만큼 술을 다스릴 힘이 없다면 차라리 술에서 두려움을 보고 절주와 금주를 하는 것이 바람직하지 않을까 생각합니다.


## 게으름 vs 나태

장자의 아들이여,
때 아닌 때에 정신없이 거리를 돌아다니는 일에도 여섯 가지 위험이 있습니다.
첫째, 자신을 지키지 못합니다.
둘째, 처자식을 지키지 못합니다.
셋째, 재산을 지키지 못합니다.
넷째, 범죄의 의심을 받습니다.

다섯째, 헛소문이 퍼집니다.

여섯째, 온갖 괴로운 일을 당하게 됩니다.


구경거리에 정신이 팔려 다니는 일에도 여섯 가지 위험이 있습니다.

첫째, 어디에 춤판이 벌어질까?

둘째, 어디에 노래가 있을까?

셋째, 어디에 음악이 있을까?

넷째, 어디에 낭송이 있을까?

다섯째, 어디에 동라(銅鑼) 연주가 있을까?

여섯째, 어디에 태고(太鼓) 연주가 있을까?

이렇게 찾아다닙니다.


사람을 게으르게 만드는 도박에 빠지면 여섯 가지 위험이 있습니다.

첫째, 이기면 원한을 낳습니다.

둘째, 지면 잃은 것을 한탄합니다.

셋째, 현재의 돈을 낭비합니다.

넷째, 어떤 모임에 가더라도 그의 말은 믿음을 얻지 못합니다.

다섯째, 친구와 동료가 경멸합니다.

여섯째, 결혼 상대자로 부적합하다는 평을 받습니다.


나쁜 친구와 사귀는 일에는 여섯 가지 위험이 있으니, 그에게는 늘 첫째 도박꾼, 둘째 도락가, 셋째 술꾼, 넷째 사기꾼, 다섯째 협잡꾼, 여섯째 폭력배 등이 친구나 동료가 됩니다.

나태에 빠지는 데에는 여섯 가지 위험이 있습니다.

첫째, 너무 춥다고 하면서 일을 하지 않습니다.

둘째, 너무 덥다고 하면서 일을 하지 않습니다.

셋째, 너무 이르다고 하면서 일을 하지 않습니다.

넷째, 너무 늦다고 하면서 일을 하지 않습니다.

다섯째, 너무 배고프다고 하면서 일을 하지 않습니다.

여섯째, 너무 배부르다고 하면서 일을 하지 않습니다.

이처럼 매사에 핑계를 대는 사람에게는 아직 생기지 않은 재산이 생길 수가 없고, 이미 생긴 재산도 잃게 됩니다.

—『디가 니까야』 제3품 31번 「씽갈라까에 대한 훈계의 경」


　모든 항목이 매우 현실적이어서 읽기만 해도 웃음이 나옵니다. 어떤 내용은 딱 저를 두고 하는 말 같기도 합니다. 하지만 이 중에서 '구경거리를 찾아다니는 여섯 가지 위험'이라는 항목은 자칫 오해를 살 수도 있습니다. 마치 문화생활을 부정적으로 보고 있는 듯하기 때문입니다. 하지만 여기서 말하는 의미는 늘 어디 구경거리가 없는지 촉각을 세우고 사는 경우로 봐야 옳을 듯합니다. 니까야 주석서에서는 다음과 같이 설명하고 있습니다.

"어디에 좋은 춤이나 연극 같은 공연이 있는지 물어서 그 장소를 알아낸 후에, 그곳으로 가기 위해 무리를 하는 것이다. 내일 공연을 보러 가기 위해 오늘 무리하게 일을 마쳐야 하며, 교통 사정이 여의치 못해 다른 도시에서 펼쳐지는 공연을 보기 위해 오가는 데 며칠을 소비하게 된다. 그러다 보면 집을 지키지 않아 도둑이 노리게 되고, 농사를 짓는 경우 제때 파종을 하지 못한다. 그렇게 되면 이미 모은 재산을 잃을 뿐만 아니라 앞으로 벌어들여야 할 재산까지도 모으지 못하게 되는 것이다."

또 여섯 무리의 나쁜 친구 가운데 도락가(道樂家)는 여자나 특정음식에 탐닉하여 그것만 찾아다니는 자들을 말합니다. 오감을 자극할 만한 것을 찾아다니는 이런 부류의 사람들과 무리를 이루게 되니 재물을 잃는 건 시간문제일 것입니다.

마지막에 나오는 '나태'에 대한 설명 역시 우리의 일상을 그대로 말해주는 것 같습니다. 그런데 여기서 말하는 '나태'와 '술과 도박을 하면 게을러진다'에서의 '게으름'은 어떻게 다를까요? 원어를 찾아보면 게으름에 해당하는 팔리어는 빠마다(pamadā)이고 나태는 알라샤(ālasya)입니다. 사전의 설명은 거의 비슷한 내용이지만 굳이 차이점을 찾아본다면, 빠마다는 자신을 잘 단속하지 않고 부주의하게 아무렇게나 행동하게끔 자신을 방치하는 것이고, 알라샤는 선업을 짓거나 수행하는 데에 힘껏 노력하지 않고 게으름을 피운다는 의미입니다. 얼핏 보면 비슷한 '게으름'과 '나태'이지만 그

뉘앙스에 미묘한 차이가 있습니다. 술이나 도박에 빠지는 것은 자신을 잘 단속하지 못하고 멋대로 부려두는 것(게으름)이고, 덥거나 춥다고 일을 미루는 것은 노력하지 않는 것(나태)이지요.

앞서 설명했듯이 「씽갈라까 경」은 동남서북상하 모두 여섯 방향에 절을 하던 씽갈라까에게 새롭게 의미를 불어넣어주는 경입니다. 이제 슬슬 여섯 방향에 대한 설명이 나올 법한데 붓다께서는 아직 뭔가 부족하다고 느끼신 모양입니다. 살아가는 데 없어서는 안 되는 것 한 가지를 더 설명하십니다. 바로 '친구'입니다.

## 친구인 자를 알아보는 법

장자의 아들이여, 네 종류의 사람은 친구가 아니면서 친구인 척하는 사람입니다.
첫째, 무엇이든 가져가기만 하는 사람,
둘째, 말만 앞세우는 사람,
셋째, 듣기 좋은 말만 하는 사람,
넷째, 나쁜 짓을 할 때 동료가 되어주는 사람.
이 네 종류의 사람은 친구가 아니면서 친구인 척하는 사람입니다.
이 가운데 첫째, 무엇이든 가져가기만 하는 사람은 다음과 같습니다. 무엇이든 가져가기만 하고, 적은 것으로 많은 것을 원하고, 두려움 때문에 일을 하고, 이익을 챙기려고 봉사하는 사람입니다.

둘째, 말만 앞세우는 사람은 다음과 같습니다. 과거의 일로 친절하게 대하고, 미래의 일로 친절하게 대하고, 무익한 말로 호의를 얻으려고 하고, 현재 해야 할 일에 난색을 보이는 사람입니다.

셋째, 듣기 좋은 말만 하는 사람은 다음과 같습니다. 악한 일에는 동의하고, 선한 일에는 동의하지 않고, 눈앞에서 칭찬하고, 등 뒤에서 비난합니다.

넷째, 나쁜 짓을 할 때 동료가 되어주는 사람은 다음과 같습니다. 게으르게 만드는 술에 취할 때 동료가 되어주고, 때 아닌 때 돌아다닐 때 친구가 되어주고, 구경거리를 찾아다닐 때 친구가 되어주고, 게으르게 만드는 도박에 빠질 때 친구가 되어주는 사람입니다."

붓다께서는 이렇게 말씀하신 뒤 게송을 읊으셨다.


이들 네 부류의 사람은

친구가 될 수 없음을 알아야 합니다.

현명한 사람이 험한 길을 피하듯

이런 자를 멀리 피해야 합니다.

　　　　　　　　　　—『디가 니까야』제3품 31번 「씽갈라까에 대한 훈계의 경」


**어떤 친구를 사귀느냐가 그 사람의 됨됨이를 말해주기도 합니**

다. 경전에서는 좋은 친구를 사귀어야 한다는 당부가 수도 없이 등장합니다. 한문경전에서는 좋은 친구를 선우(善友)라고 하며, 산스끄리뜨어로는 깔야나 미뜨라(kalyāṇa-mitra, 좋은 벗)라고 합니다. 특히 경전에 자주 등장하는 단어인 선지식(善知識)도 사람들은 보통 '스승'을 뜻한다고 생각하지만 실은 선우와 같은 말입니다. 사전을 보면 선지식의 산스끄리뜨어 역시 깔야나 미뜨라입니다. 즉 좋은 친구는 좋은 스승이라는 말입니다.

「씽갈라까 경」에서도 친구의 중요성을 강조하고 있는데, 좋은 친구를 설명하기 이전에 그렇지 못한 친구에 대한 설명이 먼저 나옵니다. 그런데 표현이 재미있습니다. '친구인 척하지만 친구가 아닌 사람'이라고 말하고 있습니다. 사실 누군가와 친해지려고 다가가는 사람이 대놓고 "나는 너와 등지려고 한다" 또는 "나는 네 적이다"라고 말하며 접근하지는 않습니다. 처음부터 자신이 적(원수)임을 드러내면 차라리 낫습니다. 스스로 조심하고 상처 받지 않기위해 방어할 수 있기 때문입니다. 문제는 친구인 척하며 지내다가불현듯이 큰 피해와 상처를 주는 사람입니다. 당하고 나서야 적이었다는 사실을 알게 되니 망연자실할 수밖에요. 그래서 「씽갈라까경」에서는 '친구인 척하지만 친구가 아닌 사람'이라는 말로 설명하고 있는 것입니다. 어찌되었든 친구라며 접근하는 사람이 있을 때, 그 사람을 잘 알아보라는 말이겠지요.

경에서는 그런 사람으로 다음 네 부류를 듭니다.

첫째, 무엇이든 가져가기만 하는 사람, 둘째, 말만 앞세우는 사람, 셋째, 듣기 좋은 말만 하는 사람, 넷째, 나쁜 짓을 할 때 동료가 되어주는 사람.

경에서는 이 네 부류의 사람들을 다시 자세하게 설명하고 있습니다.

먼저, 무엇이든 가져가기만 하는 사람에 대한 설명입니다. 곁에 다가와서 늘 챙겨갈 것이 없는지 주위를 살피는 사람은 좀 버겁습니다. 생활이 어려운 사람이라면 이해할 수도 있지만, 어쨌거나 친구 사이는 동등한 관계여야 합니다. 설령 내 형편이 어려워 친구를 만날 때마다 무언가를 챙겨갈 수밖에 없다고 해도, 나 역시 나름대로 그 친구에게 줄 것이 있기 마련입니다. 하지만 무엇이든지 가져가기만 하는 사람은 상대방을 자신의 창고로만 여긴다는 것이 문제입니다. 속된 말로 '봉'으로 여긴다고나 할까요?

다시, 이런 사람을 네 가지로 설명할 수 있습니다.

그는 항상 가져가기만 합니다. 늘 빈손으로 와서 친구가 입고 있는 옷이나 음식, 생활용품을 부러워합니다. 친구의 동정심을 유발해서 반드시 하나씩은 챙겨 갑니다. 이런 사람은 친구인 척하지만 친구가 아닌 사람입니다.

이런 사람도 있습니다. 공짜로 달라는 건 아니라는 듯이 작은 것을 선물하고 큰 것을 가져가길 원하는 사람입니다. 이런 사람 역시 친구인 척하지만 친구가 아닌 사람입니다.

'두려움 때문에 일한다'는 것은 친구에게 힘이 있을 때 자신에게 불이익이 올까 두려워서 친구를 위해서 혹은 친구와 함께 어떤 일을 하는 것을 말합니다. 이것은 순수한 우정이라기보다는 그저 친구의 노예에 가깝습니다. 이런 사람도 역시 친구인 척하지만 친구가 아닌 사람입니다.

마찬가지로 친구를 돕는 이유가 자신의 이익을 챙기기 위해서인 사람 역시 친구인 척하지만 친구가 아닌 사람입니다.

친구인 척하지만 친구가 아닌 사람은 그의 말만 자세히 들어봐도 알아차릴 수 있으니, 「씽갈라까 경」에서는 말만 앞세우는 사람의 종류에도 네 가지가 있다고 말합니다. 주석서에 따르면, "아, 이런, 어제 왜 안 왔어? 어제 왔더라면 자네한테 꽤 괜찮은 몫이 돌아갔을 건데. 보시다시피 오늘은 나도 빈손이야. 아쉽군"이라는 말을 예사로 하는 사람이 바로 '과거의 일로 친절하게 대하는, 친구인 척하지만 사실은 친구라고 할 수 없는 사람'입니다.

"아마 다음에 분명 좋은 게 생길 거야. 그때 나누자고. 오늘은 자네와 나눌 게 없으니 다음에 보자구"라며 늘 다음번을 기약하는 사람 역시 '미래의 일로 친절하게 대하는, 친구인 척하지만 친구라고 할 수 없는 사람'입니다.

상대방보다 훨씬 힘 있는 자리에 있으면서도 굳이 "이봐, 어서 이리로 와. 나랑 나란히 앉자"라는 등의 아무 의미 없는 말을 내뱉는 사람은 '무익한 말로 호의를 얻으려고 하는, 친구인 척하지만 친구라고 할 수 없는 사람'입니다.

그리고 무언가 필요한 것이 있어 부탁하면 온갖 핑계를 대며 도와주지 않는 사람도 '현재 해야 할 일에 난색을 보이는, 친구인 척하지만 친구라고 할 수 없는 사람'입니다.

그런데 「씽갈라까 경」에서 말하는 '친구인 척하지만 친구가 아닌 사람'에 대한 설명을 보면, 조금 매정하다는 느낌이 듭니다. 오죽 힘들면 내게 와서 그렇게까지 할까, 그냥 눈 딱 감고 넘어가주는 것도 친구 사이의 의리인데, 게다가 불교에서도 매일 보살의 마음으로 조건 없이 베풀라고 하지 않느냐는 말씀입니다. 하지만 초기불교에서 재가자에게 주는 가르침은 매우 현실적입니다. 인생살이를 알차게 엮고 싶으면 친구인 자와 친구인 척하는 자를 구분할 줄 아는 눈을 길러야 한다는 것이 붓다의 조언입니다. 지금 당장 일상생활에 그대로 적용해도 전혀 무리가 없을 정도입니다.

이제 「씽갈라까 경」에서 말하는 좋은 친구에 대해 살펴보겠습니다.

장자의 아들이여,
네 종류의 사람은 좋은 친구입니다.
첫째, 도움을 주는 사람,

둘째, 괴로우나 즐거우나 한결같은 사람,

셋째, 해야 할 일을 일러주는 사람,

넷째, 연민의 마음을 품는 사람,

이 네 종류의 사람은 좋은 친구입니다.

이 가운데 첫째, 도움을 주는 사람이란 취했을 때 보살펴주고, 취했을 때 재물을 지켜주고, 두려울 때 피난처가 되어주고, 바라는 것의 두 배를 베풀어주는 사람입니다.

둘째, 괴로우나 즐거우나 한결같은 사람이란 비밀을 털어놓고, 비밀을 지켜주고, 불행에 빠졌을 때 버리지 않고, 목숨도 그를 위해 버립니다.

셋째, 해야 할 일을 일러주는 사람이란 사악한 것으로부터 보호하고, 선한 것에 들게 하고, 듣지 못한 좋은 가르침을 들려주고, 천상으로 가는 길을 가르쳐주는 사람입니다.

넷째, 연민의 마음을 품는 사람이란 친구의 불행을 보고 좋아하지 않고, 친구의 행운을 기뻐하며, 사람들의 비난을 막고 변호해주고, 사람들의 칭찬에 동조하고 함께 칭찬해주는 사람입니다.

장자의 아들이여, 이런 사람이 좋은 친구입니다.

— 『디가 니까야』 제3품 31번 「씽갈라까에 대한 훈계의 경」


「씽갈라까 경」에서 말하는 좋은 친구의 첫 번째 항목에 '취했을 때 도움이 되는 사람'이 들어 있는 것이 흥미롭습니다. 아무래도 사업을 하거나 친목을 위하다 보면 술이 빠질 수 없겠지요. 오계에 '불음주계'가 들어 있기는 하지만, 단칼에 술을 끊는 것이 쉽지는 않습니다. 취하도록 마셔서는 안 되겠지만, 어쩌다 취했을 때 사람은 무방비 상태가 됩니다. 이때 취한 이를 살뜰하게 보살펴주는 사람이 좋은 친구라는 것이 붓다의 조언입니다.

또한 두려울 때 "걱정하지 말게. 내가 있잖아. 아무 걱정 말고 마음 편히 가지게"라고 말하며 의지처가 되어주는 친구, 어렵게 도움을 청하는 친구에게 그 두 배를 내어주는 사람이 좋은 친구입니다.

친구 사이에는 비밀이 없는 법입니다. 그 누구에게도 못할 말을 털어놓을 수 있고, 비밀을 퍼뜨리지 않으며, 어려울 때에 친구를 버리지 않고, 심지어 친구를 위해 목숨까지도 버릴 수 있는 사람이 좋은 친구입니다.

친구가 악업을 짓지 않도록 하고 선업을 적극 권하며, 일찍이 들어보지 못한 선업 이야기를 들려주며, 선업을 지으면 행복을 얻게 된다는 이야기를 들려주는 사람이 좋은 친구입니다.

상대방에게 연민의 마음을 품는 사람이 좋은 친구입니다. 친구의 몰락을 기뻐하지 않고, 친구가 잘되는 모습을 보고 진심으로 기뻐해주며, 남들이 "저 사람은 이러저러하여 좋지 않다"라고 비난할 때 "그렇지 않다"며 적극적으로 옹호하고 비난을 막아주며, 사람들이 "저 사람은 이러저러하여 참으로 좋다"라고 말할 때 "당신도 그렇게 보았는가. 정말 제대로 잘 보았다"라며 함께 칭찬하는 사람이 좋은 친구입니다.


## 여섯 방향의 상징

지금까지 세상 사람들이 갖춰야 할 여러 가지 덕목을 살펴봤습니다. 붓다께서는 마지막으로 시 한 수를 읊으신 뒤에 여섯 방향에 대한 법문을 하십니다. 이때 등장하는 시에는 재가자들이 귀담아 들을 만한 생활지침이 담겨 있습니다. 무엇보다 벌처럼 부지런히 재물을 모으라고 권하고, 또 그 재물을 어떻게 써야 하는가에 대한 조언이 있어 흥미롭습니다.

세존께서는 이렇게 말씀하신 뒤 게송을 읊으셨다.

도움을 주는 사람,
괴로우나 즐거우나 한결같은 사람,
해야 할 일을 일러주는 사람,
연민의 마음을 품는 사람,
이와 같은 네 명의 친구가 있으니
현명한 사람은 그의 가치를 알아서 어머니가 자식을 대하듯
정성스레 대해야 합니다.

계를 잘 지키는 사람은 어두운 밤에 타오르는 횃불처럼 빛납니다.

벌처럼 부지런히 재물을 모으십시오.

그리하면 개미집이 높이 올라가듯 재물이 불어납니다.

이렇게 재물을 모아서 유익하게 써야 하니

재물을 네 등분으로 나누십시오.

그리고 친구들을 불러 모아 우정을 다지십시오.

사 분의 일은 생활비로 쓰고

사 분의 이는 사업에 쓰는 것이 좋으며

나머지 사 분의 일은 재난에 대비해서 저축하십시오.

— 『디가 니까야』 제3품 31번 「씽갈라까에 대한 훈계의 경」


이제 드디어 동남서북상하 여섯 방향에 대한 붓다의 법문이 시작됩니다. 먼저 여섯 방향이 상징하는 인간관계를 쭉 나열한 뒤 동쪽 방향부터 이야기를 들려줍니다.


자, 장자의 아들이여, 성스러운 제자는 어떻게 여섯 방향을 보호해야 할까요?

우선, 다음과 같이 여섯 방향을 생각해야 합니다.

동쪽은 부모로 여겨야 합니다.

남쪽은 스승으로 여겨야 합니다.

서쪽은 처자식으로 여겨야 합니다.

북쪽은 벗으로 여겨야 합니다.

아래쪽은 고용인으로 여겨야 합니다.

위쪽은 수행자라 여겨야 합니다.

— 『디가 니까야』 제3품 31번 「씽갈라까에 대한 훈계의 경」


한 사람이 일생을 살면서 맺게 되는 다양한 인간관계를 동남서북상하의 여섯 방향에 배치하고 있습니다. 어떤 연유로 이렇게 방향을 배치했는지에 대해 주석서에서는 다음과 같이 설명하고 있습니다.

동쪽이라는 말에는 '앞서다'라는 뜻이 있기 때문에 나보다 앞선 세대인 부모를 동쪽에 배치합니다. 남쪽이라는 말에는 '공양하다'라는 뜻이 있기 때문에 남쪽에 스승을 배치합니다. 서쪽은 '뒤'라는 뜻이 있으며, 아내와 자식은 가장의 뒤를 따르기 때문에 서쪽에 배치합니다. 북쪽은 '초월하다, 뛰어넘다'라는 뜻이 있으며, 친구에게 의지해서 온갖 괴로움을 뛰어넘기 때문에 북쪽에 배치합니다. 고용인은 내 아래에 있으므로 아랫방향에 위치합니다. 단, 경전에서는 고용인이 아니라 노예와 하인으로 등장합니다. 지금으로 치자면 보수를 받고 일을 하는 고용인이 여기에 해당한다고 생각해서 '고용인'으로 통칭했습니다. 수행자(사문·바라문)는 여러 가지 덕을 가지고 있어서 보통 사람보다 높기 때문에 위쪽에 배치합니다.

사실 이 여섯 방향에 대한 이야기는 요즘 사고방식에는 맞지 않는 부분이 있습니다. 부부가 중심이기보다는 아무래도 부모자식 간의 관계를 우선시하고 있고, 수행자라는 종교인에 대한 관계도 버젓이 한 방향을 차지하고 있다는 점이 그렇습니다. 그렇기 때문에 이 경의 내용이 2,600여 년 전의 인간관계를 말한다는 점을 염두에 둘 필요가 있습니다. 요즘 시대에 그대로 적용하기에는 무리인 점도 많지만, 어떤 마음가짐으로 관계를 이어가야 하는지에 대한 붓다의 조언이라는 점에서 한 번쯤은 꼭 읽어봐야 할 내용이라고 생각합니다.

이제 각 방향에 대한 자세한 설명을 살펴보겠습니다.


## 부모, 동쪽의 존재

장자의 아들이여, 자식은 다섯 가지 마음가짐으로 동쪽인 부모를 보호해야 합니다.

첫째, 부모님이 자식을 기르셨다. 그러니 자식은 부모님을 봉양해야 한다.

둘째, 부모님이 해야 할 일을 자식이 해드려야 한다.

셋째, 가계를 이어야 한다.

넷째, 재산을 상속받아야 한다.

다섯째, 돌아가신 조상들에게 제사를 올려야 한다.

장자의 아들이여, 이 다섯 가지 마음가짐을 지닌 자식에게 봉양을 받은 동쪽의 부모는 다섯 가지 마음가짐으로 자식을 소중하게 여깁니다.

첫째, 악한 일을 하지 않도록 지켜준다.

둘째, 선한 일을 하도록 일러준다.

셋째, 기술을 가르쳐준다.

넷째, 어울리는 짝을 찾아준다.

다섯째, 적당한 때에 유산을 물려준다.

장자의 아들이여, 이렇게 자식은 부모를 섬기고, 부모는 자식을 지켜주니, 이렇게 하면 동쪽이 잘 지켜져 평온해지고 두려움이 없어집니다.

—『디가 니까야』제3품 31번 「씽갈라까에 대한 훈계의 경」

아마도 이 세상 모든 종교인들은 "온 세상이 평안해졌으면……" 하고 바랄 것입니다.

조금 더 구체적으로 말하면, 동남서북상하의 여섯 방향이 조용하고 평화로우며 즐거운 상태가 지속되기를 바라는 것이겠지요. 그래야 그 속에서 살아가고 있는 나와 내 가족이 편해지기 때문입니다.

하지만 평안해지기를 빌기만 해서는 안 될 것입니다. 그보다 세상의 평안을 위해 내가 할 수 있는 일을 실천하는 것이 더 중요하니까요. 이 말이 너무 막연한가요? 그렇다면 가장 가까운 인간관계부터 살펴보겠습니다. 바로 부모와 자식 간의 관계입니다.

예나 지금이나 동서양을 막론하고 부모자식 관계는 다른 어떤 관계보다 소중합니다. 그래서 경전에서는 자식이 어떤 마음가짐으로 부모를 대해야 하는지를 가장 먼저 말하고 있습니다.

먼저, 다섯 가지 항목 가운데 두 번째를 살펴보겠습니다. '부모님이 해야 할 일을 자식이 해드려야 한다'란 자식은 부모에게 부과된 어떤 국가적인 의무사항을 자신의 일을 제쳐두고서라도 먼저 처리해드려야 한다는 뜻입니다. 주석서에 따르면 '왕가(王家) 등에서 생겨난 의무'를 해드린다는 의미로, 세금이나 국가적인 행사에 부모의 계급에 맞게 부과되는 온갖 의무사항을 자식이 앞장서서 처리해드린다는 뜻이 아닐까 짐작해봅니다.

세 번째 항목인 '가계를 이어야 한다'라는 것은 언뜻 보면 아들을 낳아 대를 잇는 것을 의미하는 듯하지만, 주석서에 따르면 부모의 재산인 토지나 금은보화 등을 소실되지 않게 지키는 경우를 말합니다. 또한 그릇된 계보에서 올바른 계보로 옮겨오도록 하고, 집안 대대로 전해 내려오고 있던 수행자를 위한 음식공양(salāka-bhatta)도 끊어지지 않게 유지하는 일도 이에 해당됩니다.

네 번째 항목인 '재산을 상속받아야 한다'는 것을 보고 은근히 부모님 재산을 떠올리는 사람도 있을 겁니다. 하지만 이 항목은 집안 대대로 내려오는 재산을 상속받을 자격을 갖춘다는 뜻입니다.

엄밀하게 말해서 "나는 재산을 상속받을 자격을 갖추리라"라는 의미로, 부모의 뜻에 어긋나지 않고 건실하게 집안을 이어나가겠다는 다짐입니다.

「씽갈라까 경」의 특징은 어느 한쪽의 의무만을 강조하지 않고 상호 간의 의무를 말하고 있다는 것입니다. 앞서 살펴본 바와 같이 자식이 부모에게 이와 같은 마음가짐으로 대하듯, 부모 또한 자식을 다섯 가지 마음가짐으로 대해야 한다고 경에서는 말합니다. 특히 두 번째 항목인 '선한 일을 하도록 일러준다'에 대한 주석서의 설명은 아나타삔디까처럼 돈을 이용해서라도 바른 교육을 받도록 해야 한다는 것입니다.

## 용돈 줄게, 법문 들으렴

아나타삔디까(급고독장자)의 아들은 붓다의 가르침을 그다지 좋아하지 않았습니다. 그는 좋은 말을 해주는 수행자가 오면 숨어버리기 일쑤였습니다. 아나타삔디까는 이런 아들을 보다 못해 이렇게 회유합니다.

"얘야, 절에 한번 다녀오지 않으련? 다녀오면 아버지가 용돈 두둑하게 주마."

용돈을 준다는 말에 아들은 절에 다녀왔습니다. 물론 절에 간다는 것은 붓다의 가르침을 잘 듣고 마음에 새긴다는 뜻이겠지만 그의 아들에게는 그저 다녀오는 것만으로도 충분했습니다. 아들이 절에 다녀오자 아버지는 또다시 이런 제안을 합니다.

"얘야, 다시 절에 다녀오지 않겠니? 이번에는 붓다께서 하시는 말씀을 잘 듣고 내게 전해줬으면 한다. 그러면 전보다 더 두둑하게 용돈을 주겠다."

붓다의 말씀에는 관심도 없지만 두둑한 용돈이 생긴다는데 싫다 할 아들이 아닙니다. 아들은 절에 가서 붓다의 법회에 참석했습니다. 그리고 두 귀를 쫑긋 세우고 그 가르침을 귀담아들었습니다. 그런데 경전에는 붓다께서 아들의 마음을 잠시 흩어놓아 금방 외울 수 없게 했다고 합니다. 빨리 외워서 돌아가 용돈을 받고 싶은 마음에 아들의 마음이 급해졌습니다. 하지만 붓다의 말씀을 잘 전하려면 일단 자신이 충분히 이해해야 합니다. 아들은 낮에 들었던 붓다의 가르침을 생각하고 또 생각했습니다. 그래서 단 한마디도 놓치지 않고 완전히 외우려고 노력했습니다. 돈이 걸린 문제였기 때문입니다.

마침내 아들은 붓다의 가르침을 완전히 제 것으로 만들었습니다. 잘 외우려니 자꾸 생각해야만 했고, 이해하기 위해 다시 골똘히 생각하기를 반복하면서 급기야 붓다께서 무엇을 가르치시는지를 알게 된 것입니다. 그는 이제 용돈을 받기 위해서가 아니라 붓다의 가르침을 진정 가슴으로 들을 줄 알게 된 것입니다.

아나타삔디까는 아들이 의젓한 모습으로 돌아온 것을 보고 기뺐습니다. 아들은 아버지가 내미는 용돈을 정중히 사양하기까지 했습니다. 기쁜 마음은 그렇다 쳐도 붓다의 가르침을 용돈으로 흥정한 것이 마음에 걸렸던 아나타삔디까는 붓다께 이 이야기를 들려주면서 죄송한 마음을 표했습니다. 하지만 붓다께서는 아들을 잘 가르치려는 아버지의 마음을 이해했기에 "그게 무슨 허물이 되겠습니까?"라며 오히려 격려했다고 합니다.

어떻게 해서라도 자식을 바른 길로 들어서게 하려는 아버지의 마음처럼, 무슨 수를 써서라도 자식을 올바른 성인으로 키워 사회에 내보내는 것이야말로 부모의 책임이라는 것이 불교에서 말하는 바입니다.

## 스승, 남쪽의 존재

장자의 아들이여, 제자는 다섯 가지 마음가짐으로 남쪽인 스승을 보호해야 합니다.

첫째, 일어난다.

둘째, 옆에서 시중든다.

셋째, 가르침에 귀를 기울인다.

넷째, 자잘한 시중을 든다.

다섯째, 스승의 가르침을 잘 받들어 배운다.

장자의 아들이여, 이 다섯 가지 마음가짐을 지닌 제자에게 섬김을 받은 스승은 다섯 가지 마음가짐으로 제자를 소중하게 여깁니다.

첫째, 일상생활에서의 행동거지를 잘 가르친다.

둘째, 잘 학습시킨다.

셋째, 모든 기술과 지식을 잘 가르쳐준다.

넷째, 자신의 지인들에게 제자를 잘 소개한다.

다섯째, 제자가 어느 곳을 가더라도 잘 지낼 수 있도록 인도한다.

장자의 아들이여, 이렇게 제자는 스승을 섬기고, 스승은 제자를 지켜주니, 이렇게 하면 남쪽이 잘 지켜져 평온해지고 두려움이 없어집니다.

—『디가 니까야』 제3품 31번 「씽갈라까에 대한 훈계의 경」

부모의 무릎에서 놀던 아이는 이제 학교에 다녀야 합니다. 이 경전이 만들어진 때에는 도제식 교육이 이루어지고 있었습니다. 아이가 일고여덟 살이 되면 스승의 집에 가서 온갖 기술과 학문을 배웠습니다. 따라서 일상생활에서의 모든 행동거지가 그대로 교육이었습니다. 스승이 들어오면 일어서고 늘 곁에서 시중을 들며 자잘한 심부름을 하되 어기지 않고 가르침을 소중히 받아서 익히는 것이 제자의 의무입니다. 여담입니다만, 석가모니 부처님의 친아들 라훌라도 스승이 있었습니다. 붓다의 제자 가운데 지혜가 으뜸가서 법의 장수라고도 불린 사리불 존자입니다. 일곱 살 어린 나이에 원치 않은 출가를 한 이래, 어린 라훌라는 사리불의 보살핌 속에서 수행자의 품격을 갖춰나갔습니다.

사리불 존자 자신이 워낙 스승에 대한 존경심이 깊은 사람이었던지라 라훌라에게도 그런 모습들이 깊이 각인되지 않았을까 생각합니다. 몇 번의 우여곡절이 있기는 했지만, 아무튼 라훌라는 붓다의 제자들 가운데 조용히 자신을 단속하는 수행[密行]으로 으뜸가는 이가 되었습니다.

반면 스승이 제자에게 행해야 할 의무에도 다섯 가지가 있습니다. 무엇보다도 스승은 제자를 잘 가르쳐야 합니다. 어떤 스승은 제자에게 복종을 요구하며 온갖 조건을 내세웁니다. 개중에는 "내 말 잘 들어야 가장 완전한 가르침을 주겠다"는 스승도 있습니다. 세상에서 흔히 말하는 '갑을 관계'가 학문의 세계에서도 공공연히 행해지고 있는 것입니다.

석가모니 부처님의 마지막 모습과 가르침을 담은 경으로 『마하파리닙바나숫타』(『대반열반경』)가 있습니다. 이 경에는 인생의 마지막을 향해가는 인간 붓다의 모습이 절절하게 그려져 있어 참 감동적입니다.

아직은 스승에게서 배워야 할 것이 많이 남아 있는 제자들로서는 스승 붓다와의 영원한 이별이 두렵기만 합니다. 그래서 붓다의 곁을 늘 따르던 제자 아난다는 은근히 이런 말씀을 올립니다. "저는 세존께서 제자들에게 적절한 당부의 말씀을 남겨놓으시리라

믿습니다." 하지만 붓다는 그런 아난다에게 이렇게 말씀하십니다. "대체 내게 무엇을 더 바라는가? 나는 그 어떤 차별이나 구별 없이 모조리 그대들에게 다 가르쳐주었다. 스승의 주먹 같은 것은 내게 없다는 말이다."

여기서 말하는 스승의 주먹[師拳]이란, 스승이 편애하는 제자에게 임종의 자리까지 그 존경을 끌어내기 위해 가르침의 본질을 주먹 속에 꼭 쥐고 펴 보이지 않는 것을 뜻합니다. 올바른 스승은 제자에게 그런 주먹을 쥐고 있으면 안 되며, 붓다도 물론 처음부터 모든 가르침을 다 베풀었습니다. 제자에게 가져야 할 스승의 마음가짐은 바로 붓다처럼 '모든 것을 다 가르친다'는 것입니다.

특히 네 번째 항목인 '자신의 지인들에게 제자를 잘 소개한다'는 것은 자기가 가르치는 제자를 자신의 친구들에게 칭찬해서 제자가 사회에서 반듯하게 자리 잡도록 해주는 것을 뜻합니다. 요즘으로 말하자면 취업을 위해 추천서를 잘 써주는 것이 여기에 해당하겠지요.


## 배우자, 서쪽의 존재

장자의 아들이여, 남편은 다섯 가지 마음가짐으로 서쪽인 아내를 보호해야 합니다.

첫째, 존중해야 한다.

둘째, 경멸하지 말아야 한다.

셋째, 불륜을 저지르지 않는다.

넷째, 가정의 실권을 맡겨야 한다.

다섯째, 장식품을 선물해야 한다.

장자의 아들이여, 이런 다섯 가지 마음가짐을 지닌 남편에게 섬김을 받은 아내는 다섯 가지 마음가짐으로 남편을 소중하게 여깁니다.

첫째, 일을 잘 처리한다.

둘째, 주변 사람들을 도와준다.

셋째, 불륜을 저지르지 않는다.

넷째, 남편이 벌어온 재산을 지킨다.

다섯째, 모든 일을 능숙하고 부지런히 처리한다.

장자의 아들이여, 이렇게 남편은 아내를 섬기고, 아내는 남편을 지켜주니, 이렇게 하면 서쪽이 잘 지켜져 평온해지고 두려움이 없어집니다.

—『디가 니까야』 제3품 31번「씽갈라까에 대한 훈계의 경」


남편이 아내에게 가져야 할 마음가짐 가운데 첫 번째와 두 번째 항목이 흥미롭습니다. 존중하라. 경멸하지 말라. 즉 하인 다루듯 하대하지 말며, 품위 있고 아름다운 호칭으로 아내를 불러야 한다는 것입니다. 또한 아내는 아무리 값비싼 장식품으로 제 몸을 치장해도 부엌을 장악하지 않으면 마음이 편치 않기 때문에 집안 모든 일의 실제 권한을 아내에게 맡겨야 하는 것도 남편이 지켜야 할 사항이라고 합니다.

그리고 남편의 이런 존중과 배려에 힘입어 가정 일을 능숙하게 잘 처리하고, 일가친척들에게 친절을 베풀어서 모이게 하며, 남편이 벌어온 재산을 잘 지키는 것이 아내의 의무라고 말합니다.

물론 이런 사항들이 오늘날의 부부관계에 딱 들어맞는 것은 아니지만, 지금으로부터 2,600여 년 전 붓다께서는 부부에게 서로 믿고 존중하며 자신이 맡은 일은 최선을 다해 잘 해내고 일가친척들과 사이좋게 지내야 한다고 말하고 있음을 알 수 있습니다. 이러한 점은 오늘날의 부부에게도 통하는 바가 있다고 생각합니다.


## 벗, 북쪽의 존재

장자의 아들이여, 선남자는 다섯 가지 마음가짐으로 북쪽인 벗을 보호해야 합니다.

첫째, 보시한다.

둘째, 사랑스러운 말을 건넨다.

셋째, 이로운 행동을 한다.

넷째, 함께 일한다.

다섯째, 정직하게 대한다.

장자의 아들이여, 이런 다섯 가지 마음가짐을 지닌 선남자의 섬김을 받은 벗은 다시 다섯 가지 마음가짐으로 선남자를 소중하게 여깁니다.

첫째, 취해 있는 그를 보호한다.

둘째, 취해 있는 그의 재산을 보호한다.

셋째, 두려워하고 있는 그의 보호자가 되어준다.

넷째, 온갖 재난 속에 있는 그를 저버리지 않는다.

다섯째, 그의 자손을 존중한다.

장자의 아들이여, 이렇게 선남자는 벗을 섬기고, 벗은 선남자를 지켜주니 이렇게 하면 북쪽이 잘 지켜져 평온해지고 두려움이 없어집니다.

—『디가 니까야』 제3품 31번 「씽갈라까에 대한 훈계의 경」


벗에 관련해서는 앞서 말했기 때문에 부연 설명은 생략하기로 합니다. 다만 여기에서 중요한 이야기가 나오는데, 사람들을 내 편으로 만들고 그들을 능숙하게 포용하기 위해 염두에 두어야 할 네 가지, 즉 사섭법(四攝法)이 그것입니다.

가장 먼저, 베풀어야 합니다. 상대방이 필요로 하는 것을 필요할 때 주는 것입니다. 두 번째, 그 말이 부드럽고 사랑스러워야 합니다. 세 번째, 상대방에게 이익을 가져오는 행동을 해야 합니다. 네 번째, 상대방과 행동거지를 함께합니다. 이런 네 가지를 실천하면 상대방이 나의 벗이 되지 않을 수 없겠지요. 그리고 마지막으로 가장 중요한 것이 바로 믿을 수 있는 말, 즉 정직한 말입니다. 신뢰보다 더 소중한 자산은 없는 것 같습니다.

## 고용인, 아래쪽의 존재

장자의 아들이여, 선남자는 다섯 가지 마음가짐으로 아랫방향인 고용인을 섬겨야 합니다.

첫째, 능력에 맞게 일을 나눠준다.

둘째, 음식물과 임금을 준다.

셋째, 병이 들면 간호해준다.

넷째, 진귀한 음식을 나눠준다.

다섯째, 적절한 때에 쉬게 해준다.

장자의 아들이여, 이런 다섯 가지 마음가짐을 지닌 선남자의 섬김을 받은 고용인은 다시 다섯 가지 마음가짐으로 선남자를 소중하게 여깁니다.

첫째, 자리에서 먼저 일어선다.

둘째, 나중에 잠든다.

셋째, 주어진 것만 가져간다.

넷째, 일을 잘 행한다.

다섯째, 명예와 칭찬을 널리 퍼져나가게 한다.

장자의 아들이여, 이렇게 선남자는 고용인을 섬기고, 고용인은 선남
자를 지켜주니 이렇게 하면 아랫방향이 잘 지켜져 평온해지고 두려
움이 없어집니다.

— 『디가 니까야』 제3품 31번 「씽갈라까에 대한 훈계의 경」


먹고 산다는 것은 거룩합니다. 하지만 참 구차합니다. "응애" 하
고 태어난 이 귀한 목숨, 어느 날 문득 정신을 차려보니 밥벌이를
위해 일터와 집을 오가며 인생 대부분을 날려버립니다. "아, 내가
이렇게 살려고 했던 건 아닌데……" 하며 일터에 매인 신세를 한탄
해보기도 하지만, 이 일터가 나와 내 가족에게 밥을 주고, 가족과
세상에 나의 명분을 세워주는지라 숙연한 마음으로 다시 일터로
향합니다. 전윤호 시인의 「사직서 쓰는 아침」이라는 시를 읽으면
고용인의 마음이 물씬 전해집니다.


상기 본인은 일신상의 사정으로 인하여

이처럼 화창한 아침

사직코자 하오니

그간 볶아댄 정을 생각하여

재가해주시기 바랍니다.

머슴도 감정이 있어

걸핏하면 자해를 하고

산 채 잡혀 먹기 싫은 심정에

마지막엔 사직서를 쓰는 법

오늘 오후부터는

배가 고프더라도

내 맘대로 떠들고

가고픈 곳으로 가려 하오니

평소처럼

돌대가리 같은 놈이라 생각하시고

뒤통수를 치진 말아 주시기 바랍니다.


직장은 내게 돈을 주고 밥을 주고 세금을 낼 수 있게 해줌으로써 세상에 명분을 세워주지만 우리는 끝없이 직장 앞에서 작아집니다. 살면서 상사의 책상 위로 사직서를 멋지게 던져버리는 환상을 품지 않은 사람이 과연 몇이나 될까요?

하지만 고용주는 고용주대로 하고 싶은 말이 많습니다. 고용인들의 하소연을 모르는 바 아니나 회사를 운영하려면 어쩔 수 없다고들 합니다. 그래서일까요? 고용주와 고용인의 관계에 대한 「씽갈라까 경」의 내용들이 매우 흥미롭게 느껴집니다.

고용된 사람의 능력에 맞게 일을 주고 적절한 임금과 식사를 줘야 하며, 질병과 관련해서는 고용인이 걱정하지 않아도 될 정도로 충분히 보장을 해주고, 일하는 사이에 충분히 쉴 수 있도록 하는 것이 고용주의 의무입니다. 돈벌이, 밥벌이 차원을 넘어서서 능력에 맞게 일을 배당하고, 충분히 쉴 수 있게 해야 한다는 항목이 눈에 띕니다. 근로기준법에서 말하는 연가, 병가, 특별 휴가 등은 2,600여 년 전 붓다께서도 권장했던 항목임을 알 수 있습니다.

반면 고용인은 고용주를 존중해야 한다고 말합니다. 본래 경전 내용이 주인과 하인의 관계를 다뤘기 때문에, 하인은 주인보다 먼저 일어나고 나중에 잠들며 주인이 들어오면 자리에서 일어서야 하는 것을 하인의 의무라고 보았습니다. 이 부분은 요즘 시대에 맞게 재해석해야겠지요. 고용인은 일터에 늦지 말아야 하고, 고용주를 존중하고, 자신의 임금에 만족하며, 자기 일을 완벽하게 해내야 합니다. 뿐만 아니라 직장 밖에서 상사 또는 고용주에 대한 좋은 말을 하라고 경에서는 이릅니다.

고용주가 고용인의 능력과 체력에 맞게 일을 배당하고 임금과 복지에 관한 한 최선을 다한다면 고용인은 일터 밖에서 자신의 고용주에 대해 언제나 좋은 말을 하게 될 것입니다. 고용주에 대해 칭찬하고 명성을 날리게 하는 것이 고용인의 자세라지만, 칭찬할 것도 없는데 굳이 고용주를 칭찬한다면 이 또한 '망어죄', 즉 거짓말이라는 악업을 짓는 것입니다. 그러니 고용주는 고용인이 밖에 나가 자기를 칭찬할 거리를 만들어야겠습니다.

## 수행자, 위쪽의 존재

인간관계에서 재가자와 출가수행자의 관계 또한 중요합니다. 재가자는 수행자를 만나면 몸과 입과 뜻에 자애를 담아서 대할 것이요, 박정하게 문을 닫아걸지 않고 수행자가 필요로 하는 필수품을 아낌없이 제공해야 합니다.

경전을 보면 신자는 스님에게 늘 공양 올리고 존경해야 한다는 내용을 자주 만납니다. 신자는 존중의 대상인 출가수행자를 마음으로 소중히 여기고 그가 수행 생활을 하는 데 차질이 없도록 잘 돌봐야만 합니다. 하지만 이 경에서는 수행자인 스님이 재가자에게 대해야 할 마음 자세도 명시하고 있는데, 여느 항목과 달리 한 가지가 더 추가되어 여섯 가지 마음가짐을 갖도록 당부합니다. 재가자 또는 신자가 악을 행하지 않고 악으로부터 보호받도록 하며, 선업을 짓도록 권할 것이요, 늘 자애로운 마음으로 신자가 행복해지기를 기원하며, 언제나 붓다의 가르침을 들려주어 새로운 진리에 다가서게 할 것이요, 이미 알고 있는 것도 그 뜻을 정확히 새기도록 거듭 일러줄 것이며, 선업을 지어 장차 더욱 행복한 세상을 만날 수 있도록[生天] 권장하는 것이 바로 출가수행자가 재가자에게 해야 할 의무입니다.

아래 경에 등장하는 '사문·바라문'은 생업에 종사하지 않고 오로지 수행에 전념하는 수행자를 가리킨다는 것도 덧붙입니다.

장자의 아들이여, 선남자는 다섯 가지 마음가짐으로 윗방향인 사문·바라문을 섬겨야 합니다.

첫째, 자애로운 몸의 업을 짓는다.

둘째, 자애로운 말의 업을 짓는다.

셋째, 자애로운 뜻의 업을 짓는다.

넷째, 문을 열어둔다.

다섯째, 음식을 베푼다.

장자의 아들이여, 이런 다섯 가지 마음가짐을 가진 선남자의 섬김을 받은 사문·바라문은 다시 여섯 가지 마음가짐으로 선남자를 소중하게 여깁니다.

첫째, 악을 막는다.

둘째, 선으로 들어가게 한다.

셋째, 착한 마음으로 가엾게 여긴다.

넷째, 열려 있지 않은 것을 열게 한다.

다섯째, 듣고 있는 것을 분명하게 해준다.

여섯째, 하늘에 이르는 길을 일러준다.

장자의 아들이여, 이렇게 선남자는 사문·바라문을 섬기고, 사문·바라문은 선남자를 지켜주니 이렇게 하면 윗방향이 잘 지켜져 평온해지고 두려움이 없어집니다."

이와 같이 세존은 말씀하셨다. 그러자 장자의 아들 씽갈라까는 세존께 이렇게 말했다.

"세존이시여, 참으로 훌륭하십니다. 마치 넘어진 자를 일으켜 세우듯이, 덮인 것을 벗겨내주듯이, 길 잃은 자에게 길을 가리켜주듯이 '눈 있는 자들은 보아라'하며 어둠 속에 등불을 내걸듯이, 세존은 다양한 방법으로 법을 설해주셨습니다. 세존이시여, 저는 세존과 가르침과 승가에 귀의합니다. 세존께서는 저를 지금부터 평생 귀의한 신자로서 받아주십시오."

— 『디가 니까야』 제3품 31번 「씽갈라까에 대한 훈계의 경」

사람과 사람이 서로를 이와 같은 마음가짐으로 대한다면 세상이 얼마나 평화로워질까요? 이것을 경에서는 동남서북상하의 여섯 방향이 잘 지켜진다고 말합니다. 자식이 부모인 내게 잘못하나요? 이때 가만히 생각을 해야겠지요. '내가 자식을 잘 가르쳤나, 그리고 나는 나의 부모에게 잘 해드렸나?'

제자가 스승인 내게 잘못하나요? 역시 이때도 생각을 좀 해봐야겠습니다. '나는 과연 제자를 성의껏 잘 가르쳤나, 그리고 나는 내 스승에게 잘 해드렸나?'라고 말이지요.

우리는 누군가의 부모이자 누군가의 자식이기도 합니다. 또 누군가의 부하이고, 상사이기도 합니다. 관계는 '일방적이지 않다'는 것을 일깨워주는 「씽갈라까 경」.

처음에는 그저 아버지의 유언이기 때문에 아무 생각 없이 여섯 방향에 경배를 올린 씽갈라까였지만, 붓다의 가르침은 씽갈라까로

하여금 한 걸음 더 나아가게 했습니다. 이 같은 마음가짐으로 살아
간다면 날마다 여섯 방향을 경배하라는 아버지의 유언도 잘 지킬
뿐만 아니라 씽갈라까의 인간관계도 매우 아름답게 엮일 것입
니다.

〈 돈은 나쁜 것일까? 〉

"재물에는 다섯 가지 공덕이 있다. 다섯 가지란 무엇인가? 재산에 의지하여 자신을 즐겁고 기쁘고 행복하게 돌보고, 어머니와 아버지를 즐겁고 기쁘고 행복하게 돌보고, 아내와 자식을 즐겁고 기쁘고 행복하게 돌보고, 친구와 동료를 즐겁고 기쁘고 행복하게 돌보고, 수행자와 성직자를 즐겁고 기쁘고 행복하게 돌보는 것이니 이것이 재물의 다섯 가지 공덕이라고 한다."

— 『앙굿따라 니까야』 제5권 227번 「재물의 경」 중에서

## 재물의 속성

돈은 쫓아다닌다고 해서 손에 잡히는 것이 아닙니다. 그래서 사람들은 "돈이 사람을 따라오게끔 살아야 한다"는 말을 자주 하는지도 모릅니다. 맞는 말인 것 같으면서도 재가자라는 존재는 돈 없이는 하루도 살기 어려운지라, 어느새 오감을 활짝 열고 돈을 찾아다니는 자신을 발견하게 됩니다.

이따금 "어휴, 언제까지 돈벌이하느라 인생을 허비하면서 살아야 하는지 모르겠어요. 얼른 이 모든 일을 끝내고 수행 한번 제대로 해보고 싶습니다"라고 말하는 불교 신자들을 만나곤 합니다. 가족의 생계를 위해 돈을 찾아다니는 자신의 모습이 법답지 못해서 면목이 서지 않는다는 듯, 풀 죽은 목소리로 그런 말을 할 때면 듣고 있는 제 마음도 착잡해집니다.

하지만 꼭 그렇게 생각할 필요는 없는 것 같습니다. 왜냐하면 붓다께서는 성실하게 일하고 단란하게 가정을 꾸리며 사는 재가자들에게 "그런 인생은 무의미하다"라고 말씀하신 적이 없기 때문입니다. 다만, 그런 삶이 최고요, 인생에서 가장 큰 행복은 가족이며, 가족이 절대적인 행복의 조건이라 여기는 사람들에게 그러한 행복은 한정적이라는 것을 일깨우고 있을 뿐입니다.

게다가 경전 곳곳을 보면 붓다는 재가자들에게 열심히 일해서 돈 잘 벌고, 잘 쓰라는 말씀을 하고 있습니다. 굳이 붓다의 말씀이 아니어도, 중생들은 해탈열반보다는 건강하고 넉넉하며 안온한 가정을 누리는 데에서 삶의 보람을 느낄 테지요.

『앙굿따라 니까야』 제5권 41번 「다섯 가지 재물의 사용에 대한 경」에는 세속의 삶을 살아가는 재가자가 부지런히 노력해서 자신의 손으로 돈을 벌고, 원리원칙에 따라 정당하게 얻은 재산으로 부모와 처자식, 일가친척, 이웃과 수행자들에게 공양한다면 그 모든 사람들이 한결같이 그의 행복을 빌어주고 축복할 것이므로, 이런 사람에게는 오직 번영이 찾아올 것이요, 실패란 있을 수 없다는 내용의 법문이 있습니다. 다시 말해서 제 육신을 부려 열심히 노동하여 모은 재물로 자신과 가족, 이웃에게 넉넉하게 베푼다면 그들의 축복을 받으며 살 것이니, 그 삶은 결코 쇠락하거나 그늘지지 않을 것이라는 말이지요.

자, 이제부터 초기경전은 재물에 대해서 어떤 입장을 가지고 있는지 좀더 자세히 살펴보도록 하겠습니다. 먼저, 재물에는 다섯 가지 속성이 있다고 합니다.

한때 세존께서 사밧티에 계셨다.

"재물에는 다섯 가지 재난이 있다.

재물에는 불이 따라다니고, 물이 따라다니며, 왕이 따라다니고, 도둑이 따라다니며, 바람직하지 못한 상속자가 따라다닌다. 이것이 재물에 들어 있는 다섯 가지 재난이다."

— 『앙굿따라 니까야』 제5권 227번 「재물의 경」

결국 재물은 사라지고 흩어지기 마련이라는 것입니다. 내가 써서 없애든지 도둑을 맞든지 세금으로 나가든지 아니면 원치 않는 자에게 상속되든지 해서 말이지요. 세상에는 영원한 것이 없다고 하는데, 재물 역시 그 속성을 고스란히 가지고 있습니다.

한때 미국 카지노에서 딜러로 일하면서 숱한 사람들을 관찰하다가 재물의 속성에 대한 책까지 쓰게 된 중국 작가 루신화(盧新華)는 『부의 본심』에서 재물에는 일곱 가지 속성이 있다고 말하고 있습니다. 첫째 그치지 않고 끊임없이 흐르고, 둘째 없어지지 않는 부는 없으며, 셋째 순간 얼어붙어 움직이지 않으며, 넷째 더 많을수록 불어나는 속도가 빠르고, 다섯째 부드러움으로 강함을 이기며, 여섯째 높은 곳에서 낮은 곳으로 흘러가고, 일곱째 고이게 되면 썩는다는 것이지요.

또한 개인자산관리 컨설턴트인 정우식 교수 역시 『99%는 왜 돈 걱정에 잠 못 드는가』에서 돈의 열 가지 속성에 대해 정리하고 있습니다. 첫째, 돈은 살아 있는 생명체여서 늘 돌아다니고, 둘째, 돈에는 중독성이 있고, 셋째, 돈에는 사람을 속이는 속성이 있으며, 넷째, 돈은 저축으로 늘어나든지 빚으로 늘어나든지 하는 성장하는 생명체이며, 다섯째, 돈은 밖으로 나가려는 속성이 있어서 소비 지향적인 속성을 띠고, 여섯째, 돈은 건강하게 순환하지 않으면 부패하고 자식까지 망치는 속성을 띠고 있고, 일곱째, 돈 거래에 방심하면 반드시 돈의 역습을 받게 되며, 여덟째, 돈을 맹목적으로 추구하면 돈이 곧 자신이라는 생각에 빠지게 되며, 아홉째, 돈독에 전염되면 인간관계는 변질되며, 열째, 돈은 파괴의 본능을 지니고 있어 모든 인간관계가 순식간에 무너질 수 있다고 합니다.

중국의 소설가도, 한국의 자산관리 컨설턴트도, 불교경전도 재물에 대해서는 입장이 한결같습니다. 바로 재물은 흩어지기 마련이라는 것입니다.

하지만 불을 만나면 타 없어지고, 물을 만나면 쓸려 사라지며, 관리들에게 뜯기고, 도둑들의 표적이 되고, 게으른 상속자에게 쥐어져 흔적 없이 사라지는 것일지라도, 그래도 재물은 없는 것보다는 있는 게 좋습니다.

사람이라면 '돈 좀 제대로 만져봐야 하지 않겠어?'라는 마음이 드는 건 당연합니다. 왜냐하면 재물은 우리에게 다섯 가지 즐거움을 주기 때문입니다. 앞서 인용한 『앙굿따라 니까야』 제5권 227번

「재물의 경」의 뒷부분은 다음과 같습니다.

> 재물에는 다섯 가지 공덕이 있다. 다섯 가지란 무엇인가?
> 재산에 의지하여 자신을 즐겁고 기쁘고 행복하게 돌보고, 어머니와
> 아버지를 즐겁고 기쁘고 행복하게 돌보고, 아내와 자식을 즐겁고 기
> 쁘고 행복하게 돌보고, 친구와 동료를 즐겁고 기쁘고 행복하게 돌보
> 고, 수행자와 성직자를 즐겁고 기쁘고 행복하게 돌보는 것이니 이것
> 이 재물의 다섯 가지 공덕이다.
>
> ─『앙굿따라 니까야』 제5권 227번 「재물의 경」

이러니 재물을 모으려고 어찌 눈에 불을 켜지 않을 수 있을까
요? 일단 내가 즐겁고, 늙으신 부모님을 따뜻하게 봉양할 수 있고,
자식을 돌볼 수 있으며, 나아가 벗과 친척, 승가에도 보시할 수 있
으니 재물을 거느린다는 것은 몸도 즐겁고 마음도 즐거운 일이라
하지 않을 수 없습니다.

## 부자가 되는 한 가지 원리

그렇다면 이 좋은 재물을 어떻게 내 것으로 만들 수 있을까요? 팔
만대장경에는 그 비법을 일러주는 경이 몇 가지 있습니다. 가령

『출요경』 제7권에서는 무엇보다 "게으르지 마라"는 것을 제1원칙으로 내세웁니다.

> 게으르지 않는 사람은 현세에서 많은 재산과 보물을 얻고 저절로 그 복을 받으며 다른 사람의 존경을 받기 때문에 사람들이 그 말을 따르고 그의 가르침을 받는다. 그러나 게으른 사람은 그렇지 못하다.
>
> —『출요경』 제7권

이 경을 가만히 들여다보면, 현세에서 많은 재산과 보물을 얻으면 (그 재산을 베풀고 좋은 일을 해서) 다른 사람들의 존경을 받게 된다는 쪽으로도 해석할 수 있습니다. '곳간에서 인심 난다'는 우리 속담이 틀리지 않는 거지요. 하지만 게으른 사람에게는 불가능한 일입니다. 경전에는 출가수행자들에게 게으름을 피우지 말 것을 당부하는 구절이 유독 많습니다. 마찬가지로 세속에서 열심히 살아가는 재가자들도 게으름은 무엇보다 경계해야 할 대상이지요. 출가수행자는 깨달음이라는 목표를 향해 게으름 피우지 말아야 할 것이요, 재가자는 부자가 되기 위해 게으름 피워서는 안 됩니다. 한편『유가사지론』 제57권에는 이런 멋진 구절도 들어 있습니다.

> 게으르지 않음이란, 모든 착한 법을 닦아 익히고, 착하지 않은 마음을 막고 보호하는 것이다. 여기에는 다섯 가지가 있으니 첫째는 재산을

모으는 데 게으르지 않으며, 둘째는 재산을 지킴에 게으르지 않으며, 셋째는 몸을 보호함에 게으르지 않으며, 넷째는 명성을 보호함에 게으르지 않으며, 다섯째는 법을 행함에 게으르지 않는 것이다.

—『유가사지론』제57권

게으르지 말아야 하는 분야의 순서를 보면, 재산을 모으고 지키는 데 게으르지 말라는 말이 첫 번째입니다. 붓다께서는 "재산? 그런 거 집착하지도 말고, 모으려고 하지도 마!"라고 말씀하셨을 것 같지만, 정작 재가자들에게 주는 가르침에는 부지런히 노력해서 돈을 모으고 지키라고 말씀하십니다. 한 푼 두 푼 성실하게 모으고, 그렇게 개미처럼 열심히 살아가는 사람들이 힘을 합쳐 이루어가는 이 사바세계가 그리 무의미한 것만은 아님을 경전을 보면 느낄 수 있습니다. 그렇다면 이와 반대로 게을러서 인생을 망치는 자를 비웃는 노래 한 수를 더 소개할까 합니다.

툭하면 대낮에 잠자고
밤에는 깨어 있으면서 바라는 것 많으면
좋은 벗이 생기지 않아 외롭고 어리석어지며
집안의 살림살이 다스리지 못하리라.
이르다 늦다 핑계 대며 일하기 싫어하고
춥다 덥다 핑계 대며 더욱 게으름 피우니

하던 일 하나도 끝맺지 못하고

다 된 일마저 망치고 마네.

추위와 더위 가리지 않고

아침저녁으로 부지런히 일하면

어느 사업이고 안 될 것 없어

마침내 근심걱정 사라지리라.

—『장아함경』제11권


『쌍윳따 니까야』제1권 17번 「방일하지 않음의 경」에서도 게으름 피지 않는 것(불방일)이 얼마나 중요한지 단적으로 말하고 있습니다.


한때 세존께서 사밧티에 계셨다.

그때 어떤 바라문이 세존을 찾아와서 이렇게 여쭈었다.

"이번 생에도 이익을 가져다주고, 다음 생에도 이익을 가져다주며, 이번 생과 다음 생에 동시에 이익을 가져다주는 것이 있습니까?"

"딱 한 가지가 있습니다. 바로 게으르지 않음[不放逸]입니다. '게으르지 않음'은 마치 코끼리의 발자국과 같으니 모든 중생들의 발자국이 다 그 안에 담기며, 용마루와 같으니 모든 서까래가 다 그쪽으로 향하며, 왕 중에 가장 훌륭한 전륜성왕과 같고, 온갖 별빛보다 더 눈부신 달빛과 같습니다. '게으르지 않음'은 이처럼 이번 생에도 이익을 가져다주고, 다음 생에도 이익을 가져다줄 뿐만 아니라 이번 생과 다음 생 두 세상에 이익을 가져다주는 유일무이한 원리입니다."

—『쌍윳따 니까야』제1권 17번「방일하지 않음의 경」

이처럼 '게으르지 않음'이야말로 사람을 복되게 하는 지름길임을 알 수 있습니다.


## 세속에서 얻는 네 가지 행복

초기경전에서는 우리가 날마다 좇는 행복에는 네 가지가 있다고 말합니다.

어느 날 아나타삔디까 장자가 세존 계신 곳을 찾아왔다. 한쪽으로 물러나 앉은 그에게 세존께서는 이렇게 말씀하셨다.
"장자여, 세속에 사는 재가자가 얻을 수 있는 행복에는 네 가지가 있습니다. 네 가지란 소유하는 행복, 누리는 행복, 빚 없는 행복, 티끌 없는 행복입니다.
소유하는 행복이란 무엇일까요? 선남자가 부지런히 노력하여 제 손으로 땀 흘려 정당하게 재물을 모으고 소유하는 것입니다. 그 선남자는 '나는 부지런히 노력하여 제 손으로 땀 흘려 정당하게 재물을 모으고 소유하고 있다'라고 생각하는 가운데 행복과 기쁨을 얻습니다. 이것이 소유하는 행복입니다.

누리는 행복이란 무엇일까요? 선남자가 부지런히 노력하여 제 손으로 땀 흘려 정당하게 모은 재물을 누리며 공덕을 베푸는 것입니다. 그 선남자는 '나는 부지런히 노력하여 제 손으로 땀 흘려 정당하게 모은 재물을 누리며 공덕을 베푼다'라고 생각하는 가운데 행복과 기쁨을 얻습니다. 이것이 누리는 행복입니다.

빚 없는 행복이란 무엇일까요? 선남자가 그 누구에게도 전혀 빚을 지지 않는 것입니다. 그는 '나는 누구에게도 액수에 상관없이 전혀 빚을 지고 있지 않다'라고 생각하는 가운데 행복과 기쁨을 얻습니다. 이것이 빚 없음의 행복입니다.

티끌 없는 행복이란 무엇일까요? 선남자가 몸과 입과 뜻으로 악업을 짓지 않으니, 그는 '나는 몸과 입과 뜻으로 악업을 짓지 않아 티끌이 없다'라고 생각하는 가운데 행복과 기쁨을 얻습니다. 이것이 허물없는 행복입니다.

장자여, 재가자에게는 이와 같은 네 가지 행복이 있습니다."

—『앙굿따라 니까야』 제4권 62번 「빚 없음의 경」


아시다시피 아나타삔디까는 경전에 등장하는 재가신자 가운데 가장 부자입니다. 급고독장자라고 불리듯이 고독한 사람, 즉 가난하여 의지할 데 없는 사람들에게 필요한 것을 끝없이 공급해준 사람입니다. 경전을 읽다 보면 숱하게 등장하는 이름이 또 하나 있습니다. 사위국 기수급고독원 혹은 기원정사가 그것입니다. 마가다국 빔비사라 왕이 막 성불하신 붓다께 절을 지어 보시한 것이 불교 역사상 최초의 절인 죽림정사(벨루바나)라면, 기원정사는 그 이웃나라인 꼬살라국의 사밧티(사위성) 서쪽 지역에 지어진 절로서 아나타삔디까가 승단에 기증한 곳입니다. 붓다께서는 이 사위성의 기원정사에서 어마어마한 양의 법문을 쏟아냅니다. 아나타삔디까가 붓다와 인연을 맺고 절을 짓기까지의 사연은 수많은 책에서 다루고 있기 때문에 여기서는 다루지 않겠습니다만, 아나타삔디까가 얼마나 절에 시주를 많이 하고, 가난한 사람들을 도왔던지 재산이 거덜난 적이 있다는 이야기가 있어서 잠시 소개할까 합니다.

아나타삔디까는 절에 가거나 수행자 또는 가난한 사람들을 볼 때마다 저들에게 필요한 것은 없는지 늘 살피고 아낌없이 보시한 사람입니다. 하지만 재물이라는 것이 늘 수미산처럼 굳건하게 곁에 있어 주지는 못하는 법입니다. 급기야 그의 재산도 서서히 바닥이 드러났고, 심지어 동료 사업가들이 막대한 돈을 빌려가서 갚지도 않았습니다. 그렇다고 아나타삔디까는 빚을 갚으라고 독촉하는 성격도 아니었습니다. 게다가 잘 묻어둔 재산이 어느 날 폭우에 휩쓸려 가버리기까지 했습니다.

그는 무일푼이 되어버렸지만 보시를 멈추지 않았고, 오히려 더 많이 베풀지 못해 안타까워했습니다. 이때 아나타삔디까의 마음을 흔들려는 인물이 등장합니다. 장자의 집 한쪽을 지키고 있던 신이었습니다. 집 꼭대기에서 살던 그 신은 붓다와 승가가 아나타삔디까의 공양을 받으려고 집에 오면 경의를 표하기 위해 내려와야 했는데, 그게 불만이었습니다. 여간 번거롭지 않았던 것입니다. 그러던 차에 집주인이 파산 지경에 처하자 신은 아나타삔디까에게 이렇게 말했습니다.

"장자님, 당신의 많은 재산을 수행자와 가난한 사람들에게 나누었지만, 지금 당신 꼴을 보시지요. 지금도 당신은 누구에게 무엇을 줄까만 생각하고 있군요. 그렇게 끝도 없이 남들에게 퍼주다가는 정말 땅을 치고 후회하게 될 겁니다. 그만하면 됐습니다. 이제 더 이상 보시하지 마시고 장자님 자신과 사업을 돌아보십시오."

장자는 신의 말이 어처구니없었습니다. 인도 사회에서는 일반인들이 쌓을 수 있는 가장 큰 공덕은 보시라는 생각이 강합니다. 그리고 하늘의 신은 사람들에게 보시를 권장하고 있고, 사람들은 보시를 하면 즐거운 천상에 태어나게 된다고 굳게 믿었습니다. 하지만 아나타삔디까 집에 사는 이 신은 보시를 그만하라고 회유하고 있는 것입니다. 급기야 아나타삔디까는 자신의 집을 지키는 신에게 소리쳤습니다.

"이 집에서 썩 나가시오. 내가 부처님과 승단에 공양을 올리고, 가난한 사람들에게 보시하는 것을 어찌 방해하시오? 그대는 내 집에 살 자격이 없소."

주인이 나가라면 나가야 하는 것이 그 집에 살고 있는 신들의 운명인가 봅니다. 아나타삔디까의 집에서 쫓겨난 신은 자신의 신세를 한탄하며 다시 돌아갈 방법을 찾습니다. 그러다가 오래 전 아나타삔디까에게 돈을 빌려간 사람들이 갚을 능력이 있음에도 돈을 갚지 않은 사실을 알게 되었습니다. 또 홍수에 떠내려간 장자의 돈도 모두 거두어들일 수 있다는 것도요. 신은 파탄에 이른 아나타삔디까의 재정을 다시 원상복구한 뒤에 장자를 찾아가 용서를 구했습니다. 아나타삔디까가 기분 좋게 신을 다시 받아들였음은 두말할 나위 없지요. 지금까지 『법구경』 119번 게송과 120번 게송에 대한 인연 이야기였습니다.

이렇듯 천성적으로 베풀기를 좋아하는 아나타삔디까입니다. 보시하면 부자가 된다는 말은 마음만 부자가 되는 것이 아니라 실제로 부자가 되는 것을 말합니다. 신이 그의 재산을 일일이 찾아서 모아주기라도 한다는 것이지요. 사는 동안 실제로 부자가 되지 못한다면 다음 생에서라도 정말 부자가 된다는 것, 그러니 관념상의 부자가 아니라 실제 부자가 된다는 경전 이야기를 통해서 현실적으로 부유하게 살아간다는 것을 무가치하게 여기고 있지는 않다는 것을 알 수 있습니다.

## 샘을 퍼올려야 하는 이유

아무튼 이렇게 늘 행복하게 살고 있는 아나타삔디까를 바라보는 붓다의 마음도 덩달아 행복해지신 것 같습니다. 재가자가 느끼는 네 가지 행복이라는 법문 주제를 떠올리신 것을 보면 알 수 있습니다. 이 네 가지 행복 중에는 소유하는 행복, 누리는 행복, 그리고 빚 없는 행복이 자리하고 있습니다. 이 중에서도 '누리는 행복'이 눈길을 끕니다. 왜냐하면 경전에서 말하는 재가자의 어리석음 가운데 하나로 억척스럽게 고생해서 돈을 모아놓고는 막상 한 푼도 쓰지 못한 채 세상을 떠나는 사람의 예를 자주 들기 때문입니다.

게다가 일가친척이나 수행자에게 베풀지 않는 것은 제쳐두고라도 자기 자신에게조차 인색한 것을 참으로 안타깝게 여기는 구절이 아주 많이 등장합니다. 『쌍윳따 니까야』 제1권 19번 「아들 없음의 경 ①」에 실려 있는 다음의 경을 함께 보시죠.

어느 때 세존께서 사밧티에 계셨다. 어느 날 꼬살라국의 빠세나디 왕이 세존을 찾아왔다. 인사를 드리고 한쪽으로 물러나 앉은 왕에게 세존께서 물으셨다.

"바쁘실 텐데 어떻게 한낮에 오셨습니까?"

"세존이시여, 사밧티의 어떤 백만장자가 죽었는데 그에게는 상속받을 아들이 없었기 때문에 제가 그 유산을 몰수해서 오는 길입니다.

그에게는 금이 800만 냥이나 있었습니다. 그러니 다른 보석과 재물은 말할 필요가 없을 정도겠지요. 그런데도 그 부자는 쌀겨로 만든 죽을 먹었고 다 떨어진 옷을 입었고 나뭇잎으로 덮은 낡은 수레를 타고 다녔습니다."

"대왕이여, 정말 그렇습니다. 어떤 사람은 어마어마한 재산을 모아도 자기 자신도 즐기지 못하고, 부모, 처자식, 하인과 심부름꾼과 고용인, 친구, 수행자나 성직자도 즐겁게 하지 못합니다. 그리고 다음 생에 하늘에 태어나 행복을 누릴 만한 보시를 하지도 못합니다. 이렇게 제대로 쓰이지 못한 그의 재산들은 고스란히 국왕에게 몰수되거나 도둑에게 빼앗기거나, 불이나 물에 사라지거나 그렇지 않으면 마음에 들지 않는 상속인에게 빼앗기고 맙니다. 대왕이여, 재산이 제대로 쓰이지 않으면 이렇게 모두 허망하게 사라지고 맙니다.

가령 사람이 찾아오지 않는 깊은 산골에 연못이 있다고 합시다. 그 연못의 물이 아무리 맑고 시원하고 맛이 좋더라도 사람들이 맛보지 못하고 그 연못에서 목욕을 하지 못하고 여러 인연 따라 사용하지 못한다면, 그 물은 말라버리고 말 것입니다. 이와 같이 어떤 사람은 어마어마한 재산을 모아도 자기 자신도 즐기지 못하고, 부모, 처자식, 하인과 심부름꾼과 고용인, 친구, 수행자나 성직자도 즐겁게 하지 못합니다. 그리고 다음 생에 하늘에 태어나 행복한 과보를 누릴 만한 보시를 하지 못합니다. 이렇게 제대로 쓰이지 못한 그의 재산들은 고스란히 국왕에게 몰수되거나 도둑에게 빼앗기거나, 불이나 물에 사라지거나 그렇지 않으면 마음에 들지 않는 상속인에게 빼앗기고 맙니다. 대왕이여, 재산이 제대로 쓰이지 않으면 이렇게 모두 허망하게 사라지고 맙니다.

가령 마을에서 멀지 않은 곳에 연못이 있다고 합시다. 그 물이 맑고 달아서 사람들이 가져다 마시고 목욕하고 인연 따라 사용한다면, 그 물은 그냥 사라지지 않고 제대로 쓰인다고 하겠습니다.

참다운 사람도 이와 같아서 어마어마한 재산을 모으면 자기 자신도 즐기고 나아가 부모와 처자식, 고용인과 친구, 수행자도 즐겁게 하며, 나아가 다음 생에 하늘에 태어나 행복한 과보를 누릴 만한 보시를 합니다. 이렇게 올바로 쓰인 그의 재산들은 국왕에게 몰수되거나 도둑에게 빼앗기지도 않고, 불이나 물에 사라지지도 않으며, 마음에 들지 않는 상속인에게 박탈당하는 일도 없습니다. 대왕이여, 재산이 제대로 쓰이면 허망하게 사라지지 않고 이처럼 두루 쓰입니다."

세존께서는 이렇게 말씀하신 뒤 게송을 읊으셨다.


인적 없는 곳 맑은 샘은 마시지 않으면 말라 없어지듯이

형편없는 사람이 재물을 얻으면

자기도 쓰지 않고 남에게 주지도 않네.

슬기로운 사람이 재물을 얻으면

자기도 쓰고 마땅한 일을 하며

친척과 승가도 돌보니

그는 비난을 받지 않고 다음 생에 천상에 태어나리라.

—『쌍윳따 니까야』제1권 19번「아들 없음의 경 ①」

이 경에 이어 비슷한 내용의 경이 하나 더 등장하는데, 여기서는 맨 뒷부분에 실린 게송만 소개하겠습니다.

죽으면 무엇이든 내려놓고 가야 하네.

돈과 보석, 창고에 쌓인 곡식이며 그 모든 소유물,

심지어 제가 부린 하인이나 친한 사람들도 모두 놓고 가야 하네.

그가 가지고 가는 것은 오직 하나,

몸과 입과 뜻의 업이네.

이것이야말로 그의 것이니 그는 죽을 때 이것만 가지고 가네.

그림자가 그를 따라다니듯 이것만 그를 따라다니네.

그러므로 좋은 일을 해서 미래를 위해 공덕을 쌓아야 하리라.

공덕이야말로 다음 생에 중생이 의지할 언덕이 되리라.

—『쌍윳따 니까야』제1권 20번「아들 없음의 경 ②」

살아생전 땀 흘려서 번 돈을 당당하게 쓴 것만이 자신의 재산이라는 말도 있습니다. 자식에게 물려줄 재산이 많으면 좋겠지만, 그 유산을 상속받은 자식의 입장에서는 그야말로 '공돈', '거저 굴러 들어온 돈'에 지나지 않을 수 있습니다. 그래서 경전에서는 그 돈을 살아 있을 때 좋은 곳에 써야 한다고 말합니다. 죽을 때 돈을 가져가지는 못해도 그 돈을 옳게 혹은 그르게 쓴 행위는 그를 따라간다는 뜻이기도 합니다.


## 열심히 벌어서 아낌없이 써라

그렇다면 경전에서는 재물을 어떻게 사용하라고 말하고 있는 걸까요? 다음에 이어질 『앙굿따라 니까야』에서는 재물을 사용하는 다섯 가지 방법을 일러주고 있습니다.

한때 세존께서 사밧티 제타 숲 아나타삔디까 승원에 계셨다. 어느 날 장자 아나타삔디까가 세존을 찾아오자 세존께서 말씀하셨다.
"재물은 다섯 가지로 쓰여야 합니다.
첫째, 자신의 두 손으로 땀 흘리며 부지런히 노력하여 정당한 방법으로 재물을 얻으면, 이 재물로 스스로 즐기고 온전히 행복을 만끽합니다. 그리고 그 재물로 부모를 즐겁게 하고 처자식과 고용인을 즐겁게 하고 그들이 온전히 행복을 만끽하게 합니다. 이것이 재산이 제대로 쓰이는 첫 번째 사용법입니다.
둘째, 자신의 두 손으로 땀 흘리며 부지런히 노력하여 정당한 방법으로 재물을 얻으면, 이 재물로 친구와 동료를 즐겁게 하고 그들이 온전히 행복을 만끽하게 합니다. 이것이 재산이 제대로 쓰이는 두 번째 사용법입니다.

셋째, 자신의 두 손으로 땀 흘리며 부지런히 노력하여 정당한 방법으로 재물을 얻는데 이 재물을 불이나 물, 왕이나 도둑, 나쁜 상속으로 인해 손해를 볼 수 있으니, 그러한 손해로부터 자신과 재산과 행복을 지키도록 대비하는 데에 재산을 씁니다. 이것이 재산이 제대로 쓰이는 세 번째 사용법입니다.

넷째, 자신의 두 손으로 땀 흘리며 부지런히 노력하여 정당한 방법으로 재물을 얻으면, 이 재물로 자신을 찾아오는 친척과 손님, 조상에게 올립니다. 이것이 재산이 제대로 쓰이는 네 번째 사용법입니다.

다섯째, 자신의 두 손으로 땀 흘리며 부지런히 노력하여 정당한 방법으로 재물을 얻으면, 이 재물로 보시합니다. 특히 자신에게 교만하지 않고 게으르지 않으며, 인자해지도록 일러주고 스스로를 잘 다스려서 완전한 열반에 들게 하는 수행자에게 보시하고 또한 행복한 경지인 천상으로 이끄는 보시를 행합니다. 이것이 재산이 제대로 쓰이는 다섯 번째 사용법입니다.

장자여, 재산을 이렇게 다섯 가지 방식으로 써서 줄어들면 그는 재산을 써야 할 곳에 써서 줄었으니 후회하거나 애석하게 생각하지 않습니다. 또한 다섯 가지 방식으로 재산을 썼는데 재산이 불어나면 또한 써야 할 곳에 재산을 썼더니 당연히 불어났다고 생각합니다. 그는 재산의 쓰임에 대해 후회하지 않습니다."

『앙굿따라 니까야』는 재산을 올바르게 사용하는 방법에 대해서 일러주는 몇 안 되는 경전 중 하나입니다. 무엇보다도 자기 손으로 땀 흘려 번 돈을 자기 재산으로 인정하고 있다는 것에 주목할 필요가 있습니다. 그리고 그 재산을 다섯 등분으로 나누는데, 첫째, 자신과 직계가족이 행복하게 사는 데에 씁니다. 둘째, 친구와 동료들에게 씁니다. 셋째, 재난을 대비하는 데에 씁니다. 이것은 마치 세금을 내거나 보험을 들거나 하는 데에 쓰는 것과 같다고 할 수 있습니다. 넷째, 널리 보시합니다. 이것은 먼 일가친척이나 자신을 찾아오는 손님 그리고 조상들에게 베푸는 몫이라고 할 수 있습니다. 마지막으로 다섯째는 수행자에게 보시를 합니다. 이것은 보시하는 자에게 행복한 결과를 안겨주니 장차 천상에 태어나는 과보를 불러온다고 합니다.

결국 앞에서 살펴본 경전 내용의 핵심은 열심히 돈을 모으되 아낌없이 쓰라는 것입니다. 당신이 직접, 좋은 곳에, 잘, 쓰십시오.

혹자는 "어떻게 모은 돈인데요? 함부로 쓸 수는 없습니다"라고 생각할 수도 있습니다. 하지만 돈이라는 것은 뭉쳐 둔다고 해서 그대로 있는 것이 아니라는 것, 그것이 바로 재물의 속성 중 하나라는 것은 앞에서도 살펴보았습니다.

어차피 없어지는 것이 재물의 속성이니 쓰십시오. 다만 좋은 곳에, 잘 쓰십시오.

열심히 일해서 돈을 벌면 그 자체만으로도 마음이 풍요로워집니다. 번 돈을 좋은 곳에 아낌없이 쓸 수 있는 것이 나를 더욱 풍요롭게 해줍니다. 그러지 못하는 것이야말로 불행이자, 가난입니다.


## 돈보다 무서운 빚

재가자들에게 들려주는 부처님의 재물 예찬이 이와 같은데, 이렇게 좋은 것을 충분히 갖지 못한 사람은 얼마나 안타까울까요. 인생살이라는 것이 돈 놓고 돈 벌기요, 돈 없이는 현관문 밖으로 한 발짝도 나서지 못하는 자본주의의 최첨단을 걷고 있는 요즘 시대에 말이죠. 게다가 눈·귀·코·혀·몸을 잘 단속해서 욕심에 휘말리지 않으려고 노력해도 쉽지 않으니 말입니다. 하고 싶은 것, 먹고 싶은 것, 입고 싶은 것, 가보고 싶은 곳…… 유혹하는 것은 너무 많은데 주머니 사정은 늘 여의치 않을 때, 사람들은 그것을 '고통'이자 '불행'으로 여깁니다.

물론 가진 돈이 없다고 해서 인생을 헛살고 있는 것은 절대로 아닙니다. 자기 나름의 가치관과 인생관으로 행복하게 사는 것이 성공한 삶이기 때문입니다. 그런데 문제가 되는 게 딱 한 가지 있습니다. 바로 빚입니다. 물질 만능, 소비 지상주의가 만연해 있는 요즘 세상에, 빚 없이 사는 것이야말로 행복한 삶이라고 말할 수 있을 테니까요.

그래서 재무 관련 컨설턴트들은 부자가 되고 싶어 하는 사람들이 가장 먼저 해야 할 일로 자신의 빚이 얼마나 되는지 냉정하게 짚어보는 것을 꼽습니다. 빚은 행복하고 부유하게 살고 싶은 재가자의 발목을 잡고 넘어뜨리는 매우 못된 녀석이기 때문입니다.

붓다도 빚진 사람의 인생에 빗대어 빚으로 시작되는 불행과 빚에서 풀려나는 행복에 관한 법문을 베풀고 있습니다.

"세상에서 욕망으로 살아가는 사람들(범부)에게 가난은 괴로움인가?"

"예, 그렇습니다."

"그런데 가난한 자가 이자를 약속하면서 빚을 진다면, 그 이자도 세상의 범부들에게 괴로움이겠지?"

"예, 그렇습니다."

"그런데 제때 이자를 갚지 못한다면 독촉을 당할 텐데 이 또한 범부들에게는 괴로움이겠지?"

"예, 그렇습니다."

"그런데 독촉에도 불구하고 갚지 못하면 더욱 심하게 추궁을 당할 텐데 이 또한 범부들에게는 괴로움일 테지?"

"예, 그렇습니다."

"그런데 심하게 추궁을 당해도 갚지 못한다면 끝내 구속을 당하여 옥에 갇히거나 신체 자유에 제약을 받을 텐데 이 또한 괴로움일 테지?"

"예, 그렇습니다."

—『앙굿따라 니까야』 제6권 45번 「빚의 경」

붓다의 이런 물음에 "아니요"라고 답할 사람은 없을 것입니다. 세상 사람들이 가난하여 빚을 지면 무거운 이자를 내야 하고, 밀리면 독촉을 받고, 나아가 추심까지 당하며 끝내는 속박당하고 마는 것이 재물이 없어 가난한 자의 말로입니다. 돈이 없는 것도 서러운데 이런 파국을 맞는다면 얼마나 절망적일까요. 그러니 지금부터라도 게으름 피지 말고 열심히 땀 흘리며 일해서 돈을 벌어야겠습니다. 나와 가족을 위해 쓰고, 일가친척과도 나누고, 절에 시주도 하고, 좋은 곳에 보시도 한다면 그야말로 괜찮은 삶, 수지맞는 인생을 사는 것이 아닐까요.


## 선업의 가난

그런데 경전에서는 슬그머니 한 단계 더 나아갑니다. 앞서 언급한 빚 독촉과 관련된 『앙굿따라 니까야』 경의 뒷부분에는 다음 내용이 이어집니다.

"이처럼 가난은 사람들에게 괴로운 일이다. 빚을 지는 것과 이자를 갚아야 하는 것과 독촉을 당하는 것과 추궁을 당하는 것과 갚지 못해 끝내 묶이는 것도 사람들에게는 괴로운 일이다.

이와 똑같은 이치로 선한 것에 대하여 믿음이 없고, 선한 것에 비추어 부끄럽거나 창피한 줄 모르며, 선한 일을 하려고 노력하지 않고, 무엇이 선한 일인지에 대한 지혜가 없다면, 진리의 세계에서는 이런 사람을 가리켜 가난한 사람이라고 말한다.

이처럼 가난한 사람은 선한 것에 대해 믿음이 없고, 선한 것에 비추어 부끄럽거나 창피한 줄 모르며, 선한 일을 하려고 노력하지 않고, 무엇이 선한 일인지 지혜가 없어서 몸과 입과 뜻으로 악업을 지으니, 이것이 빚을 지는 것이다.

이처럼 몸과 입과 뜻으로 악업을 짓는 자가 남들이 이런 자신을 알아채지 못하길 바라는 마음에서 자신의 악업을 감추려는 그릇된 생각으로 행동한다. 이것이 이자를 갚는 것이다.

그런데 착하고 올바르게 사는 어떤 벗이 이 사람에게 '그대는 이러저러하게 행동하고 이러저러하게 돌아다닌다'라고 지적하니, 이것이 바로 독촉당하는 것이다.

이 사람은 인적 없는 곳이나 숲, 나무 아래, 어디를 가더라도 늘 양심이 찔리게 마련인 악한 생각을 하게 되니 이것이 바로 추궁당하는 것이다.

수행자들이여, 이처럼 몸과 입과 뜻으로 악업을 짓는 자가 죽으면 지옥이나 축생의 밧줄에 묶인다. 지옥이나 축생의 세상에 태어나는 것은 무서운 장애이다. 온갖 멍에에서 벗어나 다시없는 평온함을 얻은 내가 볼 때 이보다 더 무서운 장애를 보지 못했다."

—『앙굿따라 니까야』 제6권 45번 「빚의 경」

안·이·비·설·신·의를 맘껏 부려 욕구를 채우며 사는 범부들이 가장 피해야 할 덫이 가난과 빚이라면, 그보다 조금 더 깊이가 있는 종교적 삶을 살아가는 사람이 피해야 할 덫도 있습니다. 정작 재물의 가난보다 더 무서운 것이 있으니 바로 선업의 가난입니다.

선업을 짓지 않은 것에 부끄러워할 줄도 모르고, 지혜가 없어 무엇이 선업인지도 모르며, 선업을 지으려고 노력하지도 않는 것, 이것이 성현의 가르침에서 말하는 '가난한 사람'입니다. 그런데 선업에 대하여 이토록 무지한 까닭에 몸과 입과 뜻으로 악업을 지으니 이것이 바로 '빚'을 지는 것이요, 몸과 입과 뜻으로 악업을 짓고서 다른 사람이 알아채지 못하겠거니 하며 제 악업을 감추려고 더 악한 쪽으로 행동을 하니 이것이 '이자'라고 말합니다. 그뿐이겠습니까?

반듯하게 수행하는 동료 수행자나 도반이 "이 사람은 지금 이와 같은 악업을 짓고 있구나"라고 말하면 이것이 바로 '독촉'이요, 그런 선량한 도반을 피해 아무도 없는 곳으로 가서 양심의 가책을 느끼면서도 여전히 악한 생각을 품고 있으면 이것이 바로 '빚 추궁'

이요, 끝없이 악업을 지어서 그 결과 지옥과 축생의 밧줄에 묶이고 마니, 이것이 바로 '신체 자유에 제약을 받는 일'이라는 것입니다.

그러니 부지런히 육신을 움직여 재산을 모으고, 부지런히 마음을 기울여 선업과 정진의 복을 쌓으라는 것이 붓다께서 내리신 결론입니다.

아무래도 종교인이라면 정말 부지런히 살아야 할 것 같습니다. 선업 통장에 이자가 붙어 빵빵해질 때까지요.

우리는 재물에서도 가난하지 않아야겠지만, 선업에서도 가난하지 말아야겠습니다. 참 통속적이지만, 이런 결론을 내리고 싶습니다. 우리 모두 부자 됩시다.

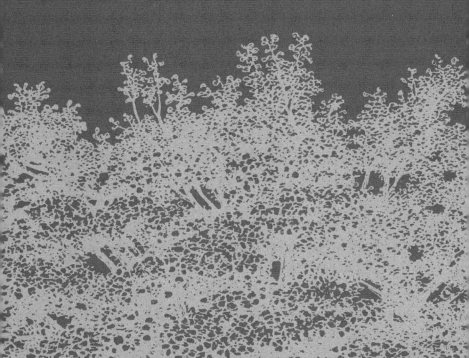

\ 사랑을 보는 관점 \

두 사람 다 믿음이 있고
친절하고 절제할 줄 알고 정의롭게 살며
서로에게 사랑스러운 말을 건네는 부부.
그들은 풍요로워지고 가정은 평화롭다.
두 사람이 반듯하게 계를 지키니
빈틈을 노리던 이들에게 패배를 안기네.

살아가면서 가르침을 따르고
바르게 계를 지키면
세속의 즐거움이 끊이지 않고
다음 생에도 천상의 행복을 누리리라.
　　　　　—『앙굿따라 니까야』 제4권 55번 「동등한 삶의 경 ①」 중에서

# 사랑이라는 아이러니

당신… 당신이라는 말 참 좋지요, 그래서 불러봅니다.
킥킥거리며 한 때 적요로움의 울음이 있었던 때
한 슬픔이 문을 닫으면 또 한 슬픔이 문을 여는 것을
이 만큼 살아옴의 상처에 기대, 나 킥킥… 당신을 부릅니다.
(후략)


문득 허수경 시인의 「혼자 가는 먼 집」이라는 시의 구절이 생각
날 때가 있습니다. "당신"이라 부르면서 "킥킥" 하고 웃는 건 무척
낯설고 뜬금없다 싶지만 이게 참 묘합니다. 뭔가 애절하고 간절하
게 그이를 부르고 싶은데 어쩐지 좀 손발이 오그라드는 것도 같아
서 그 낯 뜨거운 애정을 감추려고 괜히 킥킥 웃어대는 시인. 부부
라는 관계에 담긴 비밀도 바로 이 '킥킥'에 담겨 있지 않을까 합
니다.

70억 명이 살고 있는 이 지구에서 하필 그 남자, 그 여자를 만나

짝을 이룬다는 것이 그야말로 기가 막힐 정도로 대단한 인연입니다.

이 짝이란 것이 보통 짝입니까, 어디.

확률로 따진다 해도 70억 분의 1. 로또 당첨 확률이 814만 분의 1이라고 하니, 부부의 연을 맺는다는 것이 얼마나 대단한 일인지 알 수 있습니다.

그 대단한 경쟁률을 뚫고 내 눈에 확 꽂힌 단 한 사람.

그래서 누군가 "저 사람은 네 짝이 아니야. 단념해!"라고 말하면 오히려 길길이 날뛰게 되는지도 모릅니다. 말릴수록 더 뜨거워지는 것을 가리켜 '로미오와 줄리엣 신드롬'이라고 한다지요. 로미오와 줄리엣의 저 애절한 사랑도 따지고 보면 눈에 콩깍지가 씌었을 순간에 벌어진 비극이지요. 두 집안이 "그래? 그렇게 좋다면 니들 맘대로 해"라며 내버려두었다면 불후의 명작은 탄생하지 않았겠지만, 선남선녀의 비극 역시 벌어지지 않았을 테지요.

사랑이라는 게 이토록 묘한 것입니다. 하지만 문제는 이 대단한 애정이 끝까지 한결같지 않다는 것입니다.

처음에야 불꽃같은 애정으로 엮였다가 한집 한 이불로 인연을 이어가다가도 2년도 채 못 되어 콩깍지가 벗겨지면 어느새 배우자는 붙박이 장롱보다도 못한 사람으로 여겨지기 일쑤입니다. 이 정도면 양호하지요.

"아이고, 저 웬수!" 하며 눈 흘기고 미워하고 밥 먹는 모습도 고와 보이지 않을 때가 있습니다. 하지만 이건 또 무슨 이치인지, 길가에 내던져도 아무도 집어가지 않을 짐 보따리만큼도 여기지 않던 배우자가 다 늙어 먼 길 떠나기라도 하면, 사무치도록 서러워져 헤아릴 수 없는 시간을 눈물로 보내기도 합니다.

아아, 부부의 인연이라는 것이 이렇듯 며칠 우려낸 곰국보다 진합니다.

'밉다, 밉다' 하면서도 어느 날 홀로 남겨졌을 때 몰래 눈물을 훔쳐내고, 마침내 홀로 삶의 마침표를 찍는 것이 저의 삶이자, 여러분의 삶은 아닐까요?

사랑이란 사람을 무르익게 만들지만 그 과정은 참으로 고됩니다. 다치고 까이고 깨지고 그러면서 어느 날 문득 그게 사랑이었음을 깨닫지만 그때는 이미 눈을 덮었던 콩깍지가 걷히고 난 뒤여서 오히려 허허롭습니다.


## 사랑은 하되 빠지지는 마라

붓다께서 살아 계시던 2,600여 년 전이나 지금이나 부부의 모습은 그리 크게 변하지 않은 것 같습니다. 붓다는 부부 관계를 조금은 냉정하게 바라보고 계신 듯합니다.

무엇보다도 붓다는 청춘남녀에게 "결혼해, 결혼해"라고 부추기지 않았다는 점을 먼저 밝혀두고자 합니다. 오히려 붓다의 말씀에서 "청춘남녀의 사랑? 아이고, 살아봐라"라는 뉘앙스의 메시지를 발견하는 경우가 많습니다. 심지어 붓다는 멋진 로맨스와 설레는 결혼의 여흥이 식은 뒤에 속전속결로 찾아오는 바가지 깨지는 소리에 그것 보란 듯이 이런 노래를 들려주십니다.

사랑하는 사람을 만들지 마라.
미워하는 사람을 만들지 마라.
사랑하는 사람은 만나지 못해 괴롭고
미워하는 사람은 만나게 되어 괴롭다.

—『법구경』210번 게송

많은 사람들이 사랑과 결혼에 대한 근사한 잠언이라도 찾을까 싶어 경전을 뒤적이다가 실망한 채 책장을 덮곤 합니다. 행복한 부부, 행복한 결혼 생활에 대한 좋은 말씀 좀 없느냐고 물어오는 사람들이 종종 있습니다. 하지만 위에서 말한 『법구경』의 내용과 같은 뉘앙스의 경전만 눈에 띕니다.

미안하지만, 어쩔 수 없습니다.

하지만 그게 또 사랑과 결혼의 현실 아닐까요? 사랑하는 사람을 만나 끝까지 그 행복을 유지하며 지내다 한날한시에 두 손을 맞잡고 미소를 띠며 숨을 거둔다는 것은 처음부터 불가능한 일이니까요. 행복할 때는 붓다 생각 한번 안 하다가, 사랑과 증오에 몸이 달고 배신에 치를 떨고 울부짖을 때는 붓다를 찾아오니 붓다께서도 그런 노래를 부를 수밖에요.

이런 경우도 있습니다.

어느 집안의 결혼식 날, 붓다와 스님들도 초대를 받았습니다. 곱게 단장한 신부가 물병을 들고 하객들 사이를 돌며 물을 대접하고 있었습니다. 그런데 신랑 표정 좀 보십시오.

발그레 상기된 얼굴, 게슴츠레한 눈빛, 살짝 벌려진 입.

뭐, 당연한 일입니다. 혼을 쏙 빼놓을 정도로 곱디고운 신부가 이 시간부터 온통 신랑의 차지가 되니, 신랑의 마음속이 어떨지는 충분히 짐작할 수 있습니다. 그런데 붓다께서 보시기에는 이건 좀 아니다 싶으셨는지, 요술이라도 부린 듯 신부의 모습을 살짝 감춰버렸습니다. 넋을 놓고 바라보던 여인이 한순간에 사라지자 그제야 신랑이 정신을 차립니다. 두리번두리번 거리다가 붓다와 눈이 마주쳤습니다. 붓다께서는 황망한 표정을 짓고 서 있는 신랑에게 이런 말씀을 들려줍니다.

욕정보다 더 센 불길이 없고,
미움보다 무거운 죄가 없습니다.
제 한 몸과 마음을 유지하는 것보다 더한 괴로움이 없고
번뇌의 불길이 꺼진 열반보다 더 큰 행복은 없습니다.

—『법구경』202번 게송

붓다의 말씀을 듣고 나서야 신랑은 비로소 깨닫습니다. 자신이 무엇에 정신이 팔렸었는지, 어떤 상태였는지를 파악한 것이지요. 그런 모습을 본 후에야 붓다는 신랑신부가 서로 마주볼 수 있게 해 주셨다고 합니다.

하지만 아무래도 붓다께서는 결혼식 주례로는 적합하지 않은 것 같습니다. 결혼식 당일에 이런 말씀을 하실 건 또 뭐냔 말입니다. 신랑신부가 서로에게 퐁당 빠져버리는 것까지 나무랄 순 없지 않을까요? 엘비스 프레슬리가 노래한 〈Can't Help Falling in Love〉의 가사처럼 '세상의 현자들이 바보라고 놀려도 난 당신과 사랑에 빠지지 않을 수가 없다'고 할 만큼 달콤한 게 사랑인데, 퐁당하지 않을 사람이 어디 있겠느냐는 말입니다.

그런데 붓다께서는 차분하게 말씀하십니다.

"그러지 말게나!"

사랑하는 건 어쩔 수 없지만 'falling in love'는 곤란하다는 것이지요. 왜냐하면 사랑에 내 자신을 온통 빼앗겨버린 뒤에 그 사랑이 조금이라도 식거나 달라지면 그땐 미친 듯이 분노와 박탈감에 사로잡힐 것이고, 사랑의 열병을 앓았던 딱 그만큼 아니 그 곱절에 해당하는 지독한 번민에 사로잡힐 것이기 때문입니다. 내 사랑은 그러지 않을 거라고요?

천만에요. '사랑은 변하는 거야'라는 진리를 설마 잊고 계신 건 아니겠지요? 『맛지마 니까야』(21번 「톱의 비유 경」)에서는 변하기 마런인데 그렇게 내버려둘 수 없다며 움켜잡으려고 하는 사람을 가리켜, 대지를 파헤쳐 없애버리겠다고 하는 사람, 갠지스 강을 횃불로 죄다 말려버리겠다고 덤벼드는 사람과 다르지 않으니 결국 스스로를 피곤하게 할 뿐이라고 말합니다.


## 최상의 벗은 아내이다

하지만 아무리 붓다께서 그렇게 말씀하신다 해도 이성을 향한 그리움이 싹트고 한없이 상대를 독점하고자 하는 마음이 생기는 것은 어쩌지 못합니다. 그리고 이런 마음이야말로 인간 세상을 굴러가게 하고 유지시키는 가장 기본적인 욕구라는 것 역시 부정할 수 없습니다. 그렇다면 이왕 이렇게 인연을 맺고 한 세상을 살아가야 한다면 "저 웬수!"하며 눈을 흘리기보다는 푹 익은 정을 나누는 게 낫지 않을까요? 돈 벌어다 안겨주고 하루 세 끼 밥상 차려주는 그렇고 그런 사이에서 한 걸음 더 나아가, 서로가 인생이라는 험한 길의 길동무가 되어주는 관계로까지 나아가면 더 좋겠지요.

부부문제 전문가인 독일의 우르셀 부허(Ursel Bucher) 박사는 자신의 책『부부가 함께 사는 12가지 이유』에서 부부가 함께 사는 열두 가지 이유를 다음과 같이 정리하고 있습니다.

첫째, 위기를 새로운 전환점으로 바꿀 수 있기 때문이다. 둘째, 진짜 사랑은 이제부터 시작되는 것이기 때문이다. 셋째, 나 자신으로부터 도망치지 않기 때문이다. 넷째, 부부 싸움은 당신에 대한 친밀감과 신뢰의 표현이기 때문이다. 다섯째, 내 인생의 행복을 당신 손에 맡기지 않기 때문이다. 여섯째, 일상의 과제를 함께 공유할 수 있기 때문이다. 일곱째, 당신을 있는 모습 그대로 놓아줄 수 있기 때문이다. 여덟째, 결혼이 고독의 탈출구가 아님을 알고 있기 때문이다. 아홉째, 잠자리의 즐거움을 함께 엮어갈 수 있기 때문이다. 열째, 외도가 곧 결혼 생활의 종말은 아니기 때문이다. 열한째, 우리 내면의 보물을 함께 찾아 나설 수 있기 때문이다. 열두째, 최고의 부부 관계는 연인이 아닌 동반자의 관계이기 때문이다.

이처럼 불타는 듯한 열망과 짜릿한 쾌감에서 시작된 연인 관계는 새로운 관계로 접어드니 그게 바로 부부 관계라는 것이지요. 그러니 "우리 결혼하자"라는 프러포즈는 "내 평생의 길동무가 되어달라"는 제안이며, 자신 역시 상대방의 평생 길동무가 되어주겠다는 다짐이기도 한 것입니다.

경전에서도 우르셀 부허 박사가 정리한 열두번째 이유에 대해서는 수긍을 합니다. 초기경전에서는 "최상의 벗은 아내이다", "아내를 보금자리라 부른다"라고 정의 내리고 있기 때문입니다. 이제 부부는 두 사람이 나름 최고의 하모니를 이루어내는 파트너가 됩니다.

그런데 파트너도 참 제각각입니다. 남들 보기에도 멋져 보이고 닮고 싶은 부부가 있는가 하면, 참 아니다 싶은 부부도 있기 때문입니다. 그래서 '세상의 부부는 네 부류로 나뉜다'라는 『앙굿따라 니까야』의 내용이 흥미롭습니다.

세존께서 언젠가 길가 어느 나무 아래 앉아 휴식을 취하고 계실 때 지나가던 장자들과 그 아내들이 다가와 절을 하고 한쪽으로 물러나 앉았다. 그들에게 세존께서는 다음과 같이 말씀하셨다.

"장자들이여, 결혼 생활에 네 종류가 있습니다. 보잘 것 없는 남자와 보잘 것 없는 여자의 결혼 생활, 보잘 것 없는 남자와 가치 있는 여자의 결혼 생활, 가치 있는 남자와 보잘 것 없는 여자의 결혼 생활, 가치 있는 남자와 가치 있는 여자의 결혼 생활입니다.

장자들이여, 보잘 것 없는 남자와 보잘 것 없는 여자의 결혼 생활이란 어떤 것일까요?

남편은 살아 있는 생명을 죽이고, 주지 않은 것을 빼앗으며, 그릇된 성관계를 가지고, 거짓말하고, 술을 마셔 취하고, 계를 지키지 않고, 성품이 악하며, 인색한 마음으로 지내며, 수행자를 비난하고 비방합니다. 그런데 그의 아내 또한 그러하면, 이것이 보잘 것 없는 남자와 보잘 것 없는 여자의 결혼 생활이라 합니다."

— 『앙굿따라 니까야』 제4권 53번 「결혼 생활의 경 ①」

부창부수라는 말이 딱 이러하지 않을까요? 요즘 말로 하자면 그
야말로 진상 부부입니다. 남편의 행동이 저리도 험하면 아내라도
정신을 차리든가, 아내가 그렇다면 남편이라도 제대로 살아야 하
는데, 그렇지 못한 경우가 최악의 부부가 아닐까 합니다. 물론 양쪽
중에 어느 한쪽만 망가지는 경우도 많습니다. 어쩌면 다음 두 가지
경우에 해당하는 부부가 우리 주변에 가장 많을지도 모릅니다.

"장자들이여, 보잘 것 없는 남자와 가치 있는 여자의 결혼 생활이란
어떤 것일까요?
남편은 살아 있는 생명을 죽이고, 주지 않은 것을 빼앗으며, 그릇된
성관계를 가지고, 거짓말하고, 술을 마셔 취하고, 계를 지키지 않고,
성품이 악하며, 인색한 마음으로 지내며, 수행자를 비난하고 비방합
니다. 그러나 그의 아내는 살아 있는 생명을 죽이지 않고, 주지 않은
것을 빼앗지 않으며, 그릇된 성관계를 가지지 않고, 거짓말하지 않
고, 술에 취하지 않으며, 계를 지키고, 성품이 착하고, 인색하지 않은
마음으로 지내면서 수행자를 비난하지도 비방하지도 않습니다. 이
것이 보잘 것 없는 남자와 가치 있는 여자의 결혼 생활이라 합니다.
장자들이여, 가치 있는 남자와 보잘 것 없는 여자의 결혼 생활이란
어떤 것일까요?
남편은 살아 있는 생명을 죽이지 않고, 주지 않은 것을 빼앗지 않으
며, 그릇된 성관계를 가지지 않고, 거짓말하지 않고, 술에 취하지 않

으며, 계를 지키고, 성품이 착하고, 인색하지 않은 마음으로 지내면서 수행자를 비난하지도 비방하지도 않습니다. 그러나 그의 아내는 살아 있는 생명을 죽이고, 주지 않은 것을 빼앗으며, 그릇된 성관계를 가지고, 거짓말하고, 술을 마셔 취하고, 계를 지키지 않고, 성품이 악하며, 인색한 마음으로 지내며, 수행자를 비난하고 비방합니다. 이것이 가치 있는 남자와 보잘 것 없는 여자의 결혼 생활이라 합니다."

—『앙굿따라 니까야』 제4권 53번 「결혼 생활의 경 ①」

그리고 세상에는 참으로 드물지만 이런 부부도 있습니다. 그야말로 입이 딱 벌어질 만큼 환상적이고 모범적인 부부입니다.

"장자들이여, 가치 있는 남자와 가치 있는 여자의 결혼 생활이란 어떤 것일까요?

남편은 살아 있는 생명을 죽이지 않고, 주지 않은 것을 빼앗지 않으며, 그릇된 성관계를 가지지 않고, 거짓말하지 않고, 술에 취하지 않으며, 계를 지키고 성품이 착하고, 인색하지 않은 마음으로 지내면서 수행자를 비난하지도 비방하지도 않습니다. 그의 아내 또한 살아 있는 생명을 죽이지 않고, 주지 않은 것을 빼앗지 않으며, 그릇된 성관계를 가지지 않고, 거짓말하지 않고, 술에 취하지 않으며, 계를 지키고 성품이 착하고, 인색하지 않은 마음으로 지내면서 수행자를 비난하지도 비방하지도 않습니다. 이것이 가치 있는 남자와 가치 있는 여자의 결혼 생활이라 합니다."

붓다께서는 이렇게 말씀하신 뒤 게송을 읊으셨다.

양쪽 모두 계행을 지키지 않고
인색하고 비방을 일삼으면
그들은 보잘 것 없는 부부로 함께 사는 것이네.

남편이 계행을 지키지 않고 인색하고 비방을 일삼더라도
아내가 계행을 지키고 친절하고 인색을 여의면
가치 있는 아내가 보잘 것 없는 남편과 함께 사는 것이네.

남편은 계행을 지키고 친절하고 인색을 여의었지만
아내가 계행을 지키지 않고 인색하고 비방을 일삼는다면
보잘 것 없는 아내가 가치 있는 남편과 함께 사는 것이네.

양쪽 모두 믿음이 있고
친절하고 자제하고 정의롭게 살면
그들은 서로가 사랑스러운 말을 나누는 부부이네.

그들에게는 풍요로운 이익과 가정의 평화가 생겨나네.

양쪽이 모두 바른 계행을 준수하니

적들이 상심하네.


세상에서 가르침을 준수하고

올바로 규범과 금계를 지키면

이번 생도 쾌적하고, 하늘나라에서도 기쁨을 누리리.

— 『앙굿따라 니까야』 제4권 53번 「결혼 생활의 경 ①」


똑같은 주제인데 내용이 조금 더 풍부하게 실려 있는 경도 있습니다. 즉 "살아 있는 생명을 죽이고, 주지 않은 것을 빼앗고, 그릇된 성관계를 가지고, 거짓말하고, 이간질하고, 거친 말을 하며, 과장하게 꾸며서 말하고, 탐욕스럽고, 악의를 지니고, 잘못된 견해를 지니고, 계를 지키지 않고, 성품이 악하며, 인색한 마음으로 지내고, 수행자를 비난하고 비방한다"는 것이 보잘 것 없는 천한 부부의 특징이라는 것입니다.

어쨌거나 붓다께서는 보잘 것 없는 남자와 보잘 것 없는 여자, 가치 있는 남자와 보잘 것 없는 여자, 보잘 것 없는 남자와 가치 있는 여자, 가치 있는 남자와 가치 있는 여자 등과 같이 딱 네 종류의 부부가 있다고 말씀하셨습니다. 맞는 말 같지 않습니까?

그렇다면 사람이 가치 있느냐, 없느냐의 기준은 무엇일까요? 그건 바로 '오계를 잘 지키고, 열 가지 선업을 잘 닦느냐 그렇지 않느냐'입니다. 한마디로 말하자면, 오계를 잘 지키고 인색하지 않고 수행하는 사람을 존중하는 부부, 이런 부부야말로 최상의 찰떡궁합이라는 말입니다.


## 사별을 앞둔 부부의 마음

생각이 통하고 행동거지가 정결하다면 서로를 바라보는 시선에는 사랑이 담기고 서로를 향한 몸짓에는 자애가 깃들기 마련이지요. 설마 이런 부부가 있을까 의심스럽기도 하지만 여기에 딱 맞는 예가 경전에 있습니다. 나꿀라라는 청년의 부모가 그 주인공입니다. 이들 노부부는 붓다가 계신 절에서 종일 지냈던 모양입니다. 그런데 이 노부부가 절에 오면 스님들이 여간 곤혹스운 게 아니었습니다. 걸핏하면 붓다를 '아들'이라 부르며, 친아들 대하듯 다정하게 어루만졌기 때문입니다. 하지만 노부부를 못마땅해하는 제자들에게 붓다는 이렇게 말했습니다.

"저 노부부가 나를 그렇게 부르는 걸 나무라지 마라. 500생의 전생 동안 내가 정말로 저들의 자식이었다. 그리고 더 많은 생을 친척으로 지냈다. 비록 그런 전생을 기억하지는 못하지만 그때의 습관이 남아 있어서 저 노부부는 나를 아들이라 부르는 것이다."

나꿀라삐따는 '나꿀라의 아버지(삐따)'라는 뜻입니다. 나이 들고 병든 나꿀라삐따에게 들려준 법문으로는 저 유명한 "첫 번째 화살과 두 번째 화살" 이야기가 있습니다. 병든 거사에게 육체의 병고라는 첫 번째 화살은 누구라도 맞지만, 그것이 마음까지 다치게 하고 지혜를 흐리는 두 번째 화살으로까지 이어져서는 안 된다는 내용입니다. 그런데 남편 쪽이 유독 병약했던지 『앙굿따라 니까야』제6권 16번 「나꿀라삐따의 경」에는 병든 남편 나꿀라삐따를 위로하는 아내 나꿀라마따 이야기가 들어 있습니다. 참고로, 마따는 '어머니'라는 뜻의 팔리어로, 나꿀라마따는 '나꿀라의 어머니'라는 뜻입니다.

이와 같이 나는 들었다. 어느 때 장자 나꿀라삐따가 무거운 병에 걸려 말할 수 없이 큰 고통에 시달리고 있었다. 그러자 그의 아내 나꿀라마따가 남편에게 이렇게 말했다.

"여보, 행여 근심을 품은 채 임종에 들지는 마세요. 근심을 품은 임종은 괴롭습니다. 붓다께서는 근심을 품은 임종을 질책했습니다.

— 『앙굿따라 니까야』 제6권 16번 「나꿀라삐따의 경」

상상을 해봅니다.

늙고 병든 남편이 오늘내일하고 있습니다. 딱 그만큼 늙은 아내가 그런 남편의 병상을 지키고 있습니다. 아무래도 며칠을 넘기지 못할 것만 같은데, 남편에게서는 불안과 근심의 기색이 가득합니다. 평생을 살뜰히 챙겨온 부부 사이인지라 그런 기색은 대번에 알아차립니다. 아내는 남편을 부둥켜안고 날 두고 가지 말라고 울부짖을 수도 있겠지만, 이 경의 주인공인 나꿀라마따는 그렇지 않습니다. 태어나면 언젠가는 죽어야 하고, 만나면 헤어지기 마련인 법. 언제일지는 몰라도 그때가 찾아온 것이라는 생각에 담담하게 남편의 병상을 지키고 있는 중입니다. 그동안 숱하게 들어온 붓다의 법문도 다 그런 내용 아니었던가요? "평생 착하게 살고 종교적인 생활을 착실하게 해온 사람의 임종은 두렵지 않다"라고 말이죠. 임종 시에는 자신의 평생을 돌아보며 좋은 일을 떠올려야 한다고 합니다. 그 좋은 기억이 그 사람을 다음 생의 좋은 곳으로 인도한다는 것이지요.

하지만 불안한 기색이 역력한 남편을 보자니 아내는 은근히 마음이 쓰입니다. 아내는 남편의 불안한 마음을 제대로 짚습니다.

혹시 당신은 '내가 죽으면 아내가 자식을 키우고 가정을 꾸려갈 수 없을 텐데 이를 어쩌하면 좋을까'라는 생각 때문에 근심하고 있나요? 하지만 그런 걱정은 하지 마세요. 나는 무명실을 자을 줄 알고, 무명천을 만들 줄 압니다. 행여 그대가 떠나도 내 힘으로 자식을 키우고 가정을 이끌 수 있습니다. 그러니 근심을 품은 채 임종하지 마세요.

혹시 당신은 '내가 죽으면 아내가 다른 남자를 찾아 재혼할 것이다'라는 생각 때문에 근심하고 있나요? 하지만 그런 걱정은 마세요. 우리 두 사람은 16년 동안이나 재가자로서 청정한 삶을 살아왔습니다. 그러니 그런 근심을 품은 채 임종하지 마세요.

혹시 당신은 '내가 죽은 뒤 아내가 붓다를 찾아뵙지 않거나 승가를 찾지 않으면 어쩌나' 하는 생각 때문에 근심하고 있나요? 하지만 그런 걱정은 마세요. 나는 당신이 죽은 뒤에도 붓다와 승가를 뵙기를 간절히 바라는 사람이라는 걸 당신도 잘 알잖아요. 그러니 그런 근심을 품은 채 임종하지 마세요.

혹시 당신은 '내가 죽은 뒤 아내가 계를 잘 지키지 못하면 어쩌나' 하는 생각 때문에 근심하고 있나요? 하지만 그런 걱정은 마세요. 나는 계를 완전하게 지키는 여성 재가신자 중의 한 사람이라는 걸 당신도 잘 알잖아요. 내 말이 의심스럽다면 지금이라도 당장 붓다를 찾아뵙고 확인해도 좋습니다. 그러니 그런 근심을 품은 채 임종하지 마세요.

혹시 당신은 '아내는 마음의 번뇌를 완전히 다스리지 못했다'라는 생각 때문에 근심하고 있나요? 하지만 그런 걱정은 마세요. 나는 붓다의 여성 재가신자 가운데 마음의 번뇌를 완전히 다스린 사람 중의 한 사람입니다. 내 말이 의심스럽다면 지금이라도 당장 붓다를 찾아뵙고 확인해도 좋습니다. 그러니 그런 근심을 품은 채 임종하지 마세요.

혹시 당신은 '아내는 붓다의 가르침과 진리에서 굳건히 서지 못했고 여전히 다른 사람들의 도움이 필요하다'는 생각 때문에 근심하고 있나요? 하지만 그런 걱정은 마세요. 나는 붓다의 여성 재가신자 가운데 가르침에 확고히 섰고 모든 의심을 털어냈으며 두려움 없는 경지에 도달하였고, 다른 사람의 도움 없이 스승의 가르침을 닦는 사람 중의 한 사람입니다. 내 말이 의심스럽다면 지금이라도 붓다를 찾아뵙고 확인해봐도 좋습니다. 그러니 그런 근심을 품은 채 임종하지 마세요.

마음에 근심을 품은 채 임종하지 마세요. 근심이 있는 임종은 괴롭잖아요. 붓다께서는 그런 임종을 질책하셨지요."

—『앙굿따라 니까야』제6권 16번「나꿀라삐따의 경」

앞의 두 가지는 여느 남편이라도 다 품을 만한 불안입니다.

아내와 자식의 생계 그리고 아내의 재혼.

하지만 나꿀라마따는 남편의 걱정을 덜어줍니다. 자신도 돈을 벌 수 있는 기술이 있기 때문에 결코 자식을 굶길 일은 없다는 것이지요. 지금으로부터 2,600여 년 전의 일인데도 놀랍습니다. 아내는 남편만 바라보며 살아오지는 않았던 것입니다. 기술을 익혀 대책을 마련했다는 아내의 대답이 멋져 보입니다.

또한 자신이 눈을 감자마자 이내 다른 남자의 품으로 달려갈까 불안해하는 남편에게 하는 말은 의외입니다. "우리는 16년 동안이나 재가자로서 청정한 삶을 살아오지 않았느냐"는 대답은 부부지 간이라 하지만 16년 동안 성관계를 맺지 않았다는 말이기 때문입니다. 자식을 낳고 젊음을 만끽하던 한창 시절은 지났고, 이제는 조금 더 가치 있는 인생을 살자는 데에 부부가 뜻을 모았겠지요. 그 결과 비록 세속의 가정에서 부부의 연은 그대로 맺고 살아가지만 출가수행자만큼이나 성욕을 다스리고 있다는 말입니다. 다분히 명상과 수행의 나라 인도에서 나올 만한 말입니다. 노인도 엄연히 성욕이 존재하며, 노인의 애정 표현이 정당하다고 주장하는 현대인들이 이 부분을 어떻게 받아들일지는 미지수입니다.

그 다음 내용은 더 흥미롭습니다.

아내는 자기가 계를 잘 지키고, 마음의 번뇌를 다스렸으며, 진리의 땅에 굳건하게 발을 딛고 섰다는 사실을 남편에게 당당히 알립니다. 심지어 의심스럽다면 붓다께 가서 확인해보라는 말까지 합니다. 2,600여 년 전 아줌마(할머니) 불자의 당당한 자신감이 어떤가요? 또 문장을 자세히 보면 '자신도 그중 한 사람'이라는 말을 반복하고 있는데, 이 말을 통해 높은 수준에 도달한 재가불자가 제법 있다는 사실을 알 수 있습니다.

한 가지 더 음미해 보자면, 나꿀라마따의 말에는 불교 신자는 계를 잘 지키고, 번뇌를 다스리며, 진리를 분명하게 받아들여 이해하는 세 단계를 차분히 밟고 나아가야 한다는 내용이 담겨 있습니다.

머리를 깎지 않은 재가자로서 신앙생활을 한다면 적어도 이 세 가지 조건을 갖추어야 한다는 것이지요. 불교가 그저 "우리 ○○ 잘되게 해주세요", "제발 일이 잘 풀리게 해주세요"라고 복이나 비는 신앙은 아니었다는 것을 짐작할 수 있습니다.

아내의 이런 단단한 자신감에 남편도 힘을 얻은 게 틀림없습니다. 병석에서 일어났기 때문입니다.

그러자 아내의 말을 들은 장자 나꿀라삐따는 병이 나았다. 장자는 병에서 완전히 회복된 후 지팡이를 짚고 붓다를 찾아갔다. 나꿀라삐따가 절을 올린 뒤 한쪽으로 물러나 앉자 세존께서는 그에게 이렇게 말씀하셨다.

"그대의 부인 나꿀라마따가 그대를 가엾이 여기고 이로움을 주려고 그와 같은 가르침을 주었습니다. 참으로 그대는 이익을 얻었습니다. 그대에게 아주 유익한 일입니다. 나의 여성 재가신자들 가운데 계를 완전히 지키는 사람들이 있는데 그대의 아내 나꿀라마따가 바로 그중 한 사람입니다. 나의 여성 재가신자들 가운데 마음의 번뇌를 완전히 털어버린 사람들이 있는데 그대의 아내 나꿀라마따가 바로 그중 한 사람입니다. 나의 여성 재가신자들 가운데 가르침에 확고히 섰고 모든 의심을 털어냈으며 두려움 없는 경지에 도달하였고, 다른 사람의 도움 없이 스승의 가르침을 닦는 사람들이 있는데 그대의 아내 나꿀라마따가 바로 그중 한 사람입니다. 그대의 부인 나꿀라마따

가 그대를 가엾이 여겨서 이로움을 주려고 그와 같은 가르침을 주다
니 그대는 정말 큰 이익을 얻었습니다. 그대에게 아주 유익한 일입
니다."

—『앙굿따라 니까야』 제6권 16번 「나꿀라삐따의 경」

"당신만 살아 있잖아!"

동창 모임에 나갔던 아내가 뿌루퉁한 표정으로 돌아와서는 그
이유를 묻는 남편에게 뱉은 대답입니다. 늘그막에 동창 모임에 나
갔더니 모두들 남편이 일찍 세상을 떠나 홀가분하더라는 겁니다.
그런데 자신만 아직 남편이 두 눈 시퍼렇게 뜨고 살아 있으니 한동
안 자신은 동창들처럼 신상 편하게 살기 글렀다는 생각에 뿌루퉁
해져 돌아왔다는 겁니다. 누군가가 웃자고 지어낸 말일 테지만, 이
런 식의 농담이 중장년과 노년 사이에 아무렇지도 않게 돌고 있는
것을 보면 세상이 무섭게 느껴집니다.

네가 죽어줘야 내가 편하다?

사람을 대하는 마음 자세가 이리도 가볍고 얄팍해도 좋을까 싶
습니다.

나꿀라마따가 이런 농담을 들었으면 어떻게 대답했을까요? "있
을 때 잘해. 후회하지 말고"라고 하지 않았을까 싶습니다. 왜냐하
면 나꿀라마따는 남편을 저 세상으로 떠나보내고 홀가분하게 자
유를 만끽할 단계에서 '그만' 남편을 되살렸기 때문입니다. 남편은

지팡이를 짚고 한달음에 붓다께 갑니다. 짐작컨대, 아내를 자랑하고픈 마음에서 그러지 않았을까요?

## 다음 생에도 당신과 함께

죽어가는 남편을 되살린 아내의 힘은 위로와 확신이었습니다. 무엇보다 우리 두 사람이 지난 세월 아주 열심히 잘 살아왔다는 위로, 그리고 '당신의 아내인 나'는 그 힘으로 불안하거나 가난해지지 않을 것이라는 확신은 길고 긴 인생길에서 유일하게 희로애락을 함께 나눈 길동무에게 들을 수 있는 가장 멋진 말이 아닐까요?

붓다도 이런 아내의 태도에 박수를 보냅니다. 그리고 그의 아내가 종교인으로서 붓다도 인정할 만한 삶을 살았음을 남편에게 일러줍니다.

"그대는 정말 큰 이익을 얻었습니다. 그대에게 아주 유익한 일입니다."

이익이라는 말이 너무 속물스럽다고 느끼는 사람도 있겠지만 삶은 이롭고 유익해야 하지 않을까요? 초기경전에는 '이익', '유익', '이로움'이라는 단어가 수도 없이 등장합니다. 그리고 그 말에는 철학적, 정신적인 차원에서 유익하다는 뜻도 있지만 다분히 현실에서 이롭다는 뜻도 담겨 있습니다. 종교를 갖고 신앙생활을 하고, 선업을 짓고, 계를 잘 지키면 그게 현실에서 이롭다는 것입니다.

현실에서는 여전히 괴롭고 힘들더라도 내세를 바라보며 희망을 갖자? 오, 아닙니다. 경전에서는 슡하게 말합니다.

"지금도 좋고 나중도 좋고!"

지금이 좋아야 내세도 좋은 법이라는 것입니다.

그러니 한 번쯤은 나는 남편에게 유익한 존재인가, 나는 아내에게 이로운 존재인가를 자신에게 물어봄직합니다. 하긴 '돈'이 이익과 불이익의 잣대인 요즘 사람들에게는 이런 자문자답도 조심스럽습니다.

하지만 인생을 좀 살아보면 어느 정도는 파악되지 않나요? 돈매우 중요하고 필요한 것임에는 분명하지만 그보다 더 중요한 것은 반드시 있으며, 결국 돈이 인생의 전부는 아니라는 사실 말이지요. 적어도 신앙인이라면 이런 생각에 동의하리라 믿습니다.

나꿀라삐따와 나꿀라마따 부부의 삶은 이렇게 이어지고 있고, 두 사람은 그렇게 황혼에 이르렀던 것이지요.

이 두 사람은 다른 경전에도 등장합니다. 금슬이 좋아서 백년해로를 꿈꾸고 심지어 다음 생에도 다시 만나고 싶다는 바람을 품고 있는데, 붓다께서 이들에게 어떤 말을 들려주셨는지 한번 살펴보겠습니다.

이와 같이 나는 들었다. 한때 세존께서 아침 일찍 옷을 입고 발우와 가사를 들고 장자 나꿀라삐따가 사는 곳을 찾아가셨다. 그러자 장자 나꿀라삐따와 그의 부인 나꿀라마따가 가까이 와서 세존께 인사를 드리고 한쪽으로 물러나 앉았다. 한쪽으로 물러나 앉은 장자 나꿀라삐따는 세존께 이와 같이 말했다.

"세존이시여, 제 아내 나꿀라마따는 소녀였을 때 어린 제게 시집왔습니다. 하지만 평생 아내의 마음이 달라진 적이 없었습니다. 하물며 행동이 달라진 적이 없음을 말해 무엇하겠습니까? 세존이시여, 저희 두 사람은 죽을 때까지 이렇게 함께 잘 지내고 싶습니다. 그런데 다음 생에도 우리가 만날 수 있을까요?"

그리고 그 아내 나꿀라마따도 세존께 이와 같이 말했다.

"세존이시여, 저는 소녀였을 때 어린 나꿀라삐따에게 시집왔습니다. 그런데 평생 남편의 마음이 달라진 적이 없었습니다. 하물며 행동이 달라진 적이 없음을 말해 무엇하겠습니까? 세존이시여, 저희 두 사람은 죽을 때까지 이렇게 함께 잘 지내고 싶습니다. 그런데 다음 생에도 우리가 만날 수 있을까요?"

그러자 세존께서 부부에게 말씀하셨다.

"장자 부부여, 두 부부가 이번 생에서도 죽을 때까지 해로하고, 다음 생에서도 만나고 싶다면 두 사람은 네 가지를 함께해야 합니다. 믿음이 같아야 하고, 함께 계를 지켜야 하고, 함께 보시해야 하고, 함께 지혜를 닦아야 합니다. 같은 믿음, 같은 계, 같은 보시, 같은 지혜를

가져야 합니다. 그러면 부부가 이번 생에도 죽을 때까지 해로하고,
다음 생에도 만날 수 있습니다."
세존은 이어서 시로 노래하셨다.

두 사람 다 믿음이 있고
친절하고 절제할 줄 알고 정의롭게 살며
서로에게 사랑스러운 말을 건네는 부부.
그들은 풍요로워지고 가정이 평화롭다.
두 사람이 반듯하게 계를 지키니
빈틈을 노리던 이들에게 패배를 안기네.

살아가면서 가르침을 따르고
바르게 계를 지키면
세속의 즐거움이 끊이지 않고
다음 생에도 천상의 행복을 누리리라.

—『앙굿따라 니까야』 제4권 55번 「동등한 삶의 경 ①」

어렸을 때 만나 부부의 연을 맺은 두 사람은 평생을 살면서 단
한 번도 다른 사람을 마음에 품지 않았다고 말합니다. 이렇듯 마음
으로 부부의 순결을 지켜왔기에 몸으로 부정을 저지른다는 것은
꿈도 꾸지 않았다고 말합니다. 이렇게 평생 서로를 믿으며 지내온

만큼 남은 생도 함께 행복하게 지내고 다음 생에도 다시 만나고 싶다는 것이 이 부부의 바람입니다.

그럴 수 있을까요?

그럴 수 있다는 것이 붓다의 대답입니다.

전혀 기약할 수 없는 다음 생까지도 기약하려면 네 가지를 함께 지키면 된다고 하니, 그게 바로 믿음, 계, 보시, 지혜입니다. 여기서 말하는 믿음이란 불법승 삼보에 대한 믿음입니다. 계와 보시는 현생도 행복하게 해주고 다음 생도 행복하게 해주는 보증수표라고 경전에서는 누누이 말합니다.

불법승 삼보와 계.

이 네 가지는 불자가 믿어야 할 것이기도 합니다. 사불괴정(四不壞淨)이라고 해서 어떤 경우에도 무너지지 않고, 어떤 것에도 부서지지 않는 깨끗한 믿음을 이 네 가지에 품으라고 말합니다.

보시도 행복을 보장해줍니다. 이번 생뿐만 아니라 다음 생까지도 행복하게 해주는 최고의 조건은 바로 계를 지키는 것과 보시하기입니다. 경전에서는 다음번에 최고로 행복하고 여유로운 삶을 산다는 것을 천상에 태어나는 것이라고 설명합니다.

또한 재난을 피하고 행복을 불러들이기 위해서는 지혜로워야 함은 두말하면 잔소리입니다.

믿음, 계, 보시, 지혜 이 네 가지를 부부가 함께 실천하면 같은 결과를 맞이할 테니, 다음 생에도 만날 수 있다는 말입니다.

그런데 다시 태어나면 지금의 배우자를 절대로 만나지 않겠다고 결심한 사람은 이렇게 되물을 수도 있습니다.

"오, 그래요? 알았어요. 난 지금 같이 사는 배우자가 꼴도 보기 싫으니 이 사람과 반대로 행동하면 다음 생에는 절대로 만나지 않겠네요?"

그렇습니다. 중생은 다 끼리끼리 만난다고 하니까요.

그런데 만약 현재의 배우자는 선한 행동을 하는데, 이런저런 이유로 다시는 그와 만나고 싶지 않다고 해서 내가 악한 행동을 한다면, 이처럼 어리석은 짓이 또 있을까요?

아무튼 경전 속 나꿀라삐따와 나꿀라마따 부부는 정말 부럽습니다. 무엇보다 경전의 내용은 다 접어두고서라도 나꿀라삐따는 정말 괜찮은 남자입니다. 그는 붓다가 살아 계시던 시절 남성 재가신자 가운데 '사람을 친근하게 대하는 자'로 으뜸간다는 칭송을 받기도 했습니다. 친근하게 대한다는 말에 대해 생각해볼까요? 그건 사람을 대할 때 거짓이나 위선, 과장 없이 친절하고, 절제되어 있고, 자애로움을 담뿍 담아 타인을 대한다는 의미일 것입니다.

또한 이런 남자와 평생을 함께한 몸과 마음이 사랑과 배려로 똘똘 뭉친 여자 나꿀라마따.

이렇게 사는 것이 쉽지는 않겠지요. 하지만 모든 부부가 가치 있는 남자와 가치 있는 여자가 되어 해로했으면 좋겠습니다. 70억 명 가운데 내 짝이 되어 나의 일생을 함께 완성해가는 한 사람. 허수

경 시인처럼 다 늙어 쭈글쭈글해진 그의 얼굴을 쓰다듬으며 "킥킥 당신 이쁜 당신"이라고 노래하며, 그 인연이 저 멀고 먼 우주 끝까지 세세생생 이어졌으면 합니다.

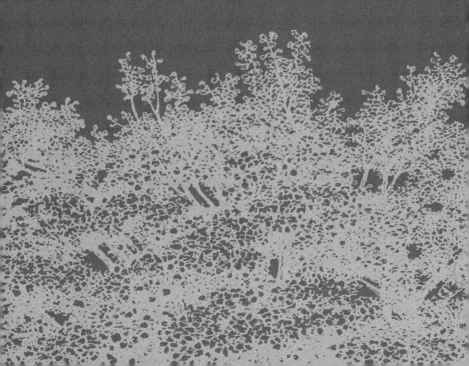

＼ 세상의 꼴을 살피다 ＼

중생들은 오랫동안 땅에서 저절로 생겨난 맛을 먹으면서 살아갔다. 그런데 그것을 먹으면 먹을수록 중생들의 몸은 거칠어졌고 중생들 사이에 용모의 차이가 드러났다. 그러자 보기 좋은 용모의 중생이 그렇지 못한 중생을 비웃으며 '우리가 그대들보다 더 잘생겼다. 그대들은 못생겼다'라며 교만을 떨었다. 그들이 자신들의 잘생긴 용모로 교만을 떨자 맛있는 흙이 사라졌다. 중생들은 그 사실을 알고 "아, 맛이여!"라고 슬퍼했다. 지금도 사람들은 맛있는 음식을 얻으면 "아, 맛이여!"라고 말하는데 이것은 아주 오래전 이 세상의 기원과 관련한 이야기에서 나온 것으로, 하지만 중생들은 그 뜻을 이해하지 못하고 있다.

— 『디가 니까야』 제3품 27번 「세계의 기원에 대한 경」 중에서

# 계급이 인간성을 말해주는가

오늘날에는 옛날처럼 집안이 양반 가문이었다고 해서 자신도 양반이라며 어깨에 힘주고 다니는 사람은 없습니다. 사람의 출생에 무슨 귀천의 차별이 있겠습니까?

인도는 지독한 신분 차별이 있던 국가 중 하나였습니다. 그나마 요즘은 하위 계층에게 취업과 학업을 위한 권리를 보장해주는 쿼터제를 실시하는 바람에 조금 숨통은 트였지만, 사람들 가슴에 뿌리박힌 계급 차별 의식은 쉽게 없어지지 않는 것 같습니다.

붓다께서 살아 계시던 때의 인도는 브라만 계급이 힘을 얻었던 시기입니다. 그런데 초기경전을 읽어 보면 사람 사는 세상에서 제일 높은 계급은 사제 계급인 브라만이 아니라 왕족 계급인 끄샤뜨리야라는 붓다의 말씀을 자주 만납니다. 짐작컨대, 브라만 계급은 그 시대의 차원 높은 정신문화를 담당했던 사람들입니다. 그러니 브라만 계급이 다른 계급을 낮춰 보는 것은 단순히 계급이 높고 낮음이 아닌 인간성의 귀천까지 관련된 문제였을 것입니다.

붓다는 왕족 출신의 성자입니다. 브라만 계급이 아니라 *끄샤뜨리야* 계급이지요. 당시 인도의 주류 종교였던 바라문교의 경전인 베다를 가르칠 자격은 브라만 계급밖에 없다고 여겼으며, 자신들은 신의 입에서 나왔고 다른 계급은 신의 몸통이나 다리에서 나왔다고 멸시하던 브라만들이 비(非)브라만 계급의 성자를 곱게 인정할 리는 없습니다.

게다가 자신들보다 열등한 *끄샤뜨리야* 출신 석가족 수행자를 스승으로 받드는 '일부 정신 나간 바라문'도 있다는 사실을 그들은 용서하기 어려웠던 모양입니다. 틈만 나면 "어떻게 천한 계급 사람을 스승으로 깍듯이 모실 수 있는가?"라며 속히 불교 교단에서 나오라고 재촉한 듯도 합니다. 같은 계급 사람들에게 그런 비난을 듣던 두 명의 바라문 청년이 붓다를 만나서 하소연한 사연도 이런 내용입니다.

『디가 니까야』 제3품 27번 「세계의 기원에 대한 경」은 두 청년이 붓다께 고충을 토로하는 장면에서 시작합니다.

이와 같이 나는 들었다. 세존께서 사밧티 동원(東園) 미가라마따 강당에 계실 때의 일이다. 어느 날 세존께서 저녁 무렵 선정에서 일어나 경행하고 계실 때 당시 출가자의 예비 단계를 지나고 있던 바셋타와 바라드와자 두 사람이 세존께 나아갔다. 그들이 다가오자 세존께서 물으셨다.

"바셋타여, 그대들은 바라문 태생으로 집에서 집 없는 곳으로 출가했다. 그런데 혹시 바라문들이 그대들을 비웃지는 않는가?"

"예, 그렇습니다. 세존이시여, 바라문들은 그들만의 독특한 말로 저희를 비웃고 있습니다."

"어떤 말로 비웃고 있는지 말해보아라."

"저 바라문들은 이렇게 말합니다. '우리들 바라문이야말로 최상의 계급이고 가장 밝은 계급이고, 청정한 계급이며, 신의 적자(嫡子)요, 신의 입에서 태어난 계급이며, 신의 상속자이다. 그런데 어째서 그대들 두 사람은 이런 최상의 계급을 저버리고 범천의 다리에서 생겨나 천하기 짝이 없는 계급인 까까머리 수행자가 되었는가? 이것은 옳지 않다. 바라문답지 못한 일이다.' 그들은 이렇게 저희를 비웃고 있습니다."

— 『디가 니까야』 제3품 27번 「세계의 기원에 대한 경」


미가라마따 강당은 위대한 시주자인 여성불자 비사카가 세운 것입니다. 정확하게는 비사카의 시아버지인 미가라가 며느리 이름으로 세운 절이지요. 다른 종교를 믿고 있던 시아버지가 며느리 덕분에 붓다를 만나 법문을 듣게 되었고 감격한 나머지 "네가 바로 내 어머니다"라는 뜻에서 '미가라마따'라고 며느리 이름을 새롭게 지어주었으며, 기쁜 마음에 절을 지어 삼보에 기증한 것입니다.

## 신의 입에서 태어난 계급

그 절에 바셋타와 바라드와자라는 두 청년이 지내고 있었습니다.

두 청년은 붓다의 가르침이 좋아서 아예 교단에 들어왔지만, 그들 계급 사람들이 가만두지 않았습니다. 그들은 경전 속 내용대로 두 청년을 달달 볶았습니다. 제발 바라문 계급에 먹칠 좀 그만하라는 말인 거지요. 그런데 그들의 비난 내용이 재미있습니다. 자신들은 신의 입에서 태어난 적자라고 말하는데, 이 주장은 바라문교의 경전인 『리그베다』에서 나온 것입니다.

창조주이자 절대 신의 입이 성직자 계급(바라문)이고, 두 팔은 왕족 계급(끄샤뜨리야)이고, 두 다리는 평민 계급(바이샤)이고, 두 발은 노예 계급(수드라)이다.

『리그베다』의 이 구절은 이후 『마누법전』에 뜻이 확대되어 계승되고 있는데, 내용은 다음과 같습니다.

바라문 계급은 신의 입에서 생겨났으며, 그들의 의무는 신에게 제사를 지내고, 베다 성전을 학습하고 가르치는 일이며, 또한 자신과 타인을 위해 제사를 지내고, 보시하거나 보시를 받을 자격을 가진다. 끄샤뜨리야 계급은 신의 두 팔에서 생겨났으며, 그들의 의무는 정치와 전쟁을 통해서 백성을 보호하고 그들을 처벌하며 제사를 행하는 것이고, 베다 성전을 배우고 보시를 하는 것이다. 바이샤 계급은 신의 두 다리에서 생겨났는데 그들의 의무는 사회에 필요한 물질적인 부를 생산하는 것으로, 농업이나 목축, 산업, 금융에 종사하면서 자신을 위한 제사를 행하고 베다 성전을 배우고 보시를 행하는 것이다. 수드라 계급은 신의 발에서 생겨났고, 그들의 의무는 위의 세 계급 사람들에게 봉사하는 것이다.

그리고 『마누법전』은 "이렇게 신은 모두에게 삶의 지위를 부여하셨다"라며 끝을 맺고 있습니다.

그러니 인도 사회에 존재하는 신분 차별은 신이 부여한 것으로 인간이 어찌할 수가 없는 절대 원칙이라는 것입니다. 애초 세상을 생겨나게 한 신이 처음부터 인간을 차별지어서 지구에 내보냈는데 과연 누가 반론을 제기하고 반박할 수 있을까요? "신의 입에서 태어난 신의 적자인 계급이 어찌 그보다 천한 계급의 수행자에게 머리를 조아릴 수 있는가!" 이에 대해 조금도 의심하지 않은 채 살아가던 바라문 계급이었습니다.

저들의 입장에서 보자면 충분히 그럴 수도 있을 것 같습니다. 그런데 붓다께서는 이렇게 대답하십니다.

세존께서 말씀하셨다.

"참으로 저들 바라문들은 옛날 일들을 알지 못한 채 그런 어리석은 비난을 퍼붓고 있구나. 하지만 바셋타여, 바라문 여인들도 월경과 임신, 출산과 수유의 과정을 거친다. 다른 계급의 여인과 똑같은 자궁에서 태어났는데도 저들은 그렇게 어리석은 비난을 퍼붓고 있구나. 그들은 바라문에 대해 알지 못한 채 잘못 말하고 있고, 거짓말을 하고 있으며, 공덕 아닌 것을 쌓고 있다.

— 『디가 니까야』 제3품 27번 「세계의 기원에 대한 경」

바라문 계급이 아무리 신의 입에서 태어났다고 주장해도 여인의 몸에서 태어난 것을 부정할 수는 없습니다. 여인의 자궁에 깃들었다 나온다는 사실은 바라문 이하 다른 계급의 사람도 똑같다는 것이 붓다의 말씀입니다. 붓다는 여인의 몸은 똑같으며, 성인 여성이라면 누구나 월경, 임신, 출산의 과정을 거치는데, 바라문 계급의 여인이라고 해서 다를 것은 없다고 말씀하십니다. '대체 어떤 자궁이 고귀하고 어떤 자궁이 천한 것이냐'는 말이지요. 매우 현실적이고도 당연한 대답입니다. 지금으로부터 2,600여 년 전, 인도 땅의 깨달은 이는 인간에 대해 이렇게 평등을 말했습니다. 하지만 이 말은 대단하거나 특별하지 않습니다. 문제는 당연한 사실을 굳이 외면하고 '성전에 그렇게 나왔네', '선지자들이 그렇게 가르쳤네' 하면서 근거 없는 이야기를 진리인 양 떠들고 믿는다는 점입니다.

이어서 붓다께서는 인도의 네 가지 계급에 대해 하나씩 설명하십니다.

바셋타여, 세상에는 네 가지 계급이 있으니 왕족, 바라문, 평민, 노예이다.

그런데 왕족 중에도 살아 있는 생명을 죽이고, 주지 않은 것을 가지며, 그릇된 성관계를 맺고, 거짓말과 이간질과 거친 말과 꾸밈말을 하며, 탐욕을 부리고 성내고 그릇된 견해를 가진 자가 있다. 이런 행위는 악한 것이어서 비난받을 만하고 성자들에게 어울리지 않으며 좋지 않은 결과를 가져온다.

바라문 중에도 살아 있는 생명을 죽이고, 주지 않은 것을 가지며, 그릇된 성관계를 맺고, 거짓말과 이간질과 거친 말과 꾸밈말을 하며, 탐욕을 부리고 성내고 그릇된 견해를 가진 자가 있다. 이런 행위는 악한 것이어서 비난받을 만하고 성자들에게 어울리지 않으며 좋지 않은 결과를 가져온다.

평민 중에도 살아 있는 생명을 죽이고, 주지 않은 것을 가지며, 그릇된 성관계를 맺고, 거짓말과 이간질과 거친 말과 꾸밈말을 하며, 탐욕을 부리고 성내고 그릇된 견해를 가진 자가 있다. 이런 행위는 악한 것이어서 비난받을 만하고 성자들에게 어울리지 않으며 좋지 않은 결과를 가져온다.

노예 중에도 살아 있는 생명을 죽이고, 주지 않은 것을 가지며, 그릇된 성관계를 맺고, 거짓말과 이간질과 거친 말과 꾸밈말을 하며, 탐욕을 부리고 성내고 그릇된 견해를 가진 자가 있다. 이런 행위는 악한 것이어서 비난받을 만하고 성자들에게 어울리지 않으며 좋지 않은 결과를 가져온다.

—『디가 니까야』 제3품 27번 「세계의 기원에 대한 경」

만약 정말로 신의 입에서 태어난 계급이 있다면 그들은 보통의 인간과는 급이 달라야 할 것입니다. 다시 말해서, 저들은 보통의 인간이 저지를 만한 그릇된 행위나 생각을 절대로 하지 않을 것입니다. 왜냐하면 저들은 신의 적자요, 신의 입에서 태어난 고귀한 혈통이기 때문입니다.

하지만 붓다께서는 그런 신화는 논외로 하고, 현실적인 측면에서 생각해보자고 하십니다. 아무리 고귀한 혈통에서 신의 적자로 태어났다고 해도 못된 짓 하지 않는 사람 있는가, 아무리 천박하기 짝이 없는, 신의 발에서 태어난 천민이라고 해도 역시 못된 짓 하는 사람은 있기 마련이라는 것입니다. 못된 짓, 즉 '악업을 짓는 데에 귀천의 차별은 없다'는 것이 붓다의 주장입니다.

# 가문을 보지 말고 행위를 보라

사실, 요즘 세상에는 가난해서 죄를 짓는 사람들이 많습니다. 스포일드 어덜트(spoiled adult)라는 말이 있습니다. 있는 집 부모가 자식들을 기죽지 않게 기른 탓에 자기만 아는 이기적인 성품을 지니게 된 아이가 스포일드 키드(spoiled kid)인데, 성인이 되어서도 이런 문제점들을 그대로 지니고 있다고 해서 등장한 용어가 바로 '스포일드 어덜트'입니다. 그리고 이런 스포일드 어덜트는 있는 집 사람에게서 더 자주 볼 수 있다고 합니다.

물론 있는 집 사람들이 더 못됐다고 단정할 수는 없습니다. 하지만 사람이 잘못을 저지르는 데에는 집안이나 신분의 차이가 없다는 것이지요. 똑같은 반박은 '선업' 차원에서도 할 수 있습니다.

그런데 왕족 중에는 살아 있는 생명을 죽이지 않고, 주지 않은 것을 갖지 않으며, 그릇된 성관계를 맺지 않고, 거짓말과 이간질과 거친 말과 꾸밈말을 하지 않으며, 탐욕과 성냄과 그릇된 견해를 품지 않는 자가 있다. 이런 행위는 선한 것이어서 전혀 비난받을 일이 없고, 성자들에게 어울리며 행복한 결과를 가져온다. 왕족 중에도 이런 행위를 하는 자가 있다.

바라문 중에는 살아 있는 생명을 죽이지 않고, 주지 않은 것을 갖지 않으며, 그릇된 성관계를 맺지 않고, 거짓말과 이간질과 거친 말과 꾸밈말을 하지 않으며, 탐욕과 성냄과 그릇된 견해를 품지 않는 자가 있다. 이런 행위는 선한 것이어서 전혀 비난받을 일이 없고, 성자들에게 어울리며 행복한 결과를 가져온다. 바라문 중에도 이런 행위를 하는 자가 있다.

평민 중에는 살아 있는 생명을 죽이지 않고, 주지 않은 것을 갖지 않으며, 그릇된 성관계를 맺지 않고, 거짓말과 이간질과 거친 말과 꾸밈말을 하지 않으며, 탐욕과 성냄과 그릇된 견해를 품지 않는 자가 있다. 이런 행위는 선한 것이어서 전혀 비난받을 일이 없고, 성자들에게 어울리며 행복한 결과를 가져온다. 평민 중에도 이런 행위를 하는 자가 있다.

노예 중에는 살아 있는 생명을 죽이지 않고, 주지 않은 것을 갖지 않으며, 그릇된 성관계를 맺지 않고, 거짓말과 이간질과 거친 말과 꾸밈말을 하지 않으며, 탐욕과 성냄과 그릇된 견해를 품지 않는 자가 있다. 이런 행위는 선한 것이어서 전혀 비난받을 일이 없고, 성자들에게 어울리며 행복한 결과를 가져온다. 노예 중에도 이런 행위를 하는 자가 있다.

— 『디가 니까야』 제3품 27번 「세계의 기원에 대한 경」


살아 있는 생명을 죽이지 않고, 주지 않은 것을 갖지 않고, 그릇된 성관계를 맺지 않고 진실하고 부드러운 말을 쓰는 것, 그리고 마음에 욕심과 성냄과 그릇된 견해를 품지 않는 것은 누구나 조심

해야 할 행위입니다. 물론 좋은 집안에서 태어나 교육을 잘 받은 사람이라면 열악한 환경에서 태어나 교육 한번 제대로 받지 못한 사람보다는 좋은 일 많이 하며 살아갈 수 있습니다. 하지만 그 사람이 선한 행위를 하는가 하지 않는가가 출생으로 정해져 있는 건 아니라는 말입니다.

일자무식이라고 착한 마음을 품지 말라는 법은 없습니다. 그렇다고 가난하고 사회적으로 차별받는 사람이 더 착하다는 것도 아닙니다. 누구나 똑같다는 말입니다.

그렇기 때문에 불교에서는 늘 이렇게 말합니다.

"사람을 보지 말고 행위를 보라. 출생을 따지지 말고 그가 지금 선한 마음을 품고 선한 행위를 하고 있는가를 보라." 이렇게 말이지요.

이처럼 네 종류 계급의 사람들 중에는 선한 행위를 하는 사람과 악한 행위를 하는 사람이 뒤섞여 있다. 그런데도 저 바라문들은 자신들이 무조건 가장 훌륭하고, 가장 높고, 신의 얼굴에서 태어났고, 신의 상속자라고 자처한다. 하지만 어진 사람이라면 바라문들의 이런 주장을 받아들이지 않는다. 왜냐하면, 이 네 종류 계급의 사람 가운데 누구라도 번뇌를 버리고 수행을 완성해서 올바르고 완전한 지혜를 얻어 해탈한다면 그가 저들 계급의 사람들 가운데 최상이라 할 수 있기 때문이다. 이것은 진리에 의거한 것이니, 진리야말로 지금

이 세상에서나 다음 세상에서 으뜸가는 것이다. 이런 까닭에 진리는 이 세상에서나 다음 세상에서도 으뜸가는 것이라고 알아야 한다.

—『디가 니까야』제3품 27번「세계의 기원에 대한 경」

사람이 오직 선한 행위만, 또는 오직 악한 행위만 하는 것은 아니지요. 누구나 때로는 잘못을 저지르고 때로는 선행을 합니다. 누구나 때로는 착한 마음을 품고 때로는 모질고 악한 마음을 품습니다. 이 역시 사람의 출생이나 신분 계급과는 아무 상관이 없다는 것입니다. 심지어 그 사람이 현재 수행자라 하더라도 그 마음속에는 선과 악, 어느 쪽으로도 나아갈 수 있다는 것입니다. 아무리 생각해봐도 참으로 철저한 평등주의입니다.

굳이 사람을 판단하려면 잣대는 딱 한 가지이니, 바로 '진리'라는 것입니다. 어떤 계급 출신이라 하더라도 진리를 향해 집을 떠나 올바르게 수행을 완성하여 위없는 진리를 얻는다면 그 사람이야말로 사람 중에 최고로 가치 있는 사람이라는 것입니다. 사람의 귀천을 결정짓는 잣대는 오직 '진리'를 따르느냐 그렇지 않느냐에 있다는 것을 잊지 말라는 말입니다.

꼬살라국의 빠세나디 왕은 '사문 고따마는 석가족에서 출가했다'라고 알고 있다. 그런데 석가족은 꼬살라국의 빠세나디 왕에게 병합되었다. 그래서 석가족들은 빠세나디 왕에게 경의를 표하고, 자리에서 일어나 그를 맞고, 공경한다. 그렇지만 빠세나디 왕은 여래에게 경의를 표하고, 자리에서 일어나 여래를 맞고, 공경한다. 수행자 고따마는 훌륭한 출신이고 자신은 그보다 못하며, 수행자 고따마는 위력이 있지만 자신은 그렇지 못하며, 수행자 고따마는 수려한 용모를 갖췄지만 자신은 그렇지 못함을 알고 있기 때문이다. 진리를 숭상하고 진리를 존중하는 빠세나디 왕은 여래에게 경의를 표하고, 자리에서 일어나 여래를 맞고, 공경하는 것이다. 진리야말로 이 세상에서나 다음 세상에서나 으뜸가는 것이기 때문이다.

바셋타여, 그대들 수행자들은 서로 다른 계급과 집안, 서로 다른 성씨를 지니고서 출가했다. 하지만 '당신은 누구인가?'라는 질문을 받으면 그대들은 '우리는 사문 석가의 아들이다'라고 대답하라.

여래에 대해서 이런 믿음이 굳건히 서고 뿌리내리며 확고해져 그 어떤 사문이나 바라문 혹은 하늘의 신이나 마(魔)나 범천이나 세상의 어떤 자에게도 흔들리지 않게 된다면, 그는 이렇게 말할 수 있다.

"나는 세존의 자식이며, 가슴에 머물고, 입에서 태어났고, 법에서 생겨난 자이며, 법으로 창조된 자이며, 법의 상속자다."

왜냐하면 여래에게는 법신(法身)이거나 범신(梵身), 법으로 이루어진 자이거나 범(梵)으로 이루어진 자라는 다른 이름이 있기 때문이다.

—『디가 니까야』 제3품 27번 「세계의 기원에 대한 경」

붓다의 고향인 까삘라밧투는 약소국가로서, 이웃 강대국인 꼬살라국에 조공을 바치며 지내고 있습니다. 심지어 꼬살라국에서 석가족에게 신부를 요구하면 석가족은 아무 저항도 못하고 높은 신분의 아가씨를 신부로 보내야 합니다.

약소국인 석가족들은 꼬살라국의 빠세나디 왕을 보면 다들 일어나서 깍듯이 경의를 표합니다. 그런데 모든 석가족의 존경과 경배를 받는 빠세나디 왕은 바로 그 석가족 출신의 붓다께 깍듯이 경의를 표하고 존경과 경배를 바칩니다. 세상의 잣대로 보자면 조공을 바치는 약소국의 왕자에게 강대국의 왕이 그럴 수는 없는 법입니다. 하지만 진리의 세상에서는 깨달은 사람, 올바르게 수행 중인 사람이 존중을 받는 법입니다. 이런 이치를 알기에 빠세나디 왕은 계급이건 뭐건 상관없이 깨달은 분 붓다께 지극한 존경을 표하는 것입니다.

붓다는 거듭 이렇게 말씀하십니다.

"세상에 가장 중요한 기준은 법, 즉 진리이다. 우리는 세속의 권위에 무릎을 꿇을 게 아니라 사람들이 지향하는 이치에 무릎을 꿇어야 한다. 우리가 으뜸으로 쳐야 할 것은 오직 진리뿐이다."

이런 생각을 가진 분이 붓다입니다. 그러니 붓다의 제자가 된다는 것은 세속의 그 어떤 명망가 족보에 이름을 올리는 것보다 더 의미 있는 일이라고 합니다. 그러니 사문 석가의 아들이라고 당당하게 말하라는 것이지요.

신의 입에서 태어난 신의 적자임을 자처하는 바라문 계급 사람들이 듣기에는 황당할 수도 있습니다. 하지만 붓다는 인도의 정신을 지배하는 『리그베다』의 문장을 그대로 가져와서 다음과 같이 고쳐서 천명합니다.

"나는 세존의 자식이며, 세존의 가슴에 머물고, 세존의 입에서 태어났고, 법에서 생겨났고, 법으로 창조되었고, 법의 상속자다."

이 선언을 보면 세존(부처)과 법(진리)이 동등합니다. 다시 말해 붓다라는 존재는 진리를 몸으로 하고 있으며, 당시 인도인들이 그토록 높이 받들던 청정하기 그지없는 존재인 브라만 신과 동급이라고까지 말하고 있습니다.

아니, "세상을 창조했다고 주장하는 그대들의 가장 높은 신인 브라만 신, 그 보이지 않는 존재를 찬양하느니 올바르게 수행하고 진리를 깨달은 붓다에게 귀의하여 그의 제자가 되어 그 길을 함께 걸어가라. 그러면 그대들이 그토록 친견하고 싶어 하던 브라만 신을 보게 될 것이다"라는 것이 붓다의 입장입니다.


## 세상의 시작

이제 「세계의 기원에 대한 경」에서 가장 중요한, 인간 사회가 어떻게 이루어졌는지를 말하고 있는 부분입니다.

바셋타여, 언제 어느 때인가 아주 오랜 세월이 지나 이 세계가 무너질 때가 올 것이다. 세상이 무너질 때에는 이곳에 살고 있던 대부분의 중생들은 광음천(光音天)에 가서 태어난다. 그들은 그곳에서 정신으로 이루어진 자로서, 기쁨을 먹으며 지내고, 스스로 빛을 내고, 허공을 날아다니며, 영광스럽게 오래 살아간다. 바셋타여, 그로부터 다시 오랜 세월이 지나서 이 세계가 이루어지는 시기가 찾아온다. 세계가 이뤄질 때에 대부분의 중생들은 광음천에서 죽어 이곳에 온다. 그들은 이 세상에서 정신으로 이루어진 자로서, 기쁨을 먹으며 지내고, 스스로 빛을 내고, 허공을 날아다니며, 영광스럽게 오랜 세월을 산다. 바셋타여, 그때 이 세계에는 칠흑 같은 암흑만이 가득했다. 태양과 달, 별도 나타나지 않았고, 밤과 낮의 구분이 없었으며, 한 달이나 보름이라는 세월도 없었고, 여자와 남자의 구분도 없었고, 그저 중생은 중생이라 여겨졌을 뿐이다.

— 『디가 니까야』 제3품 27번 「세계의 기원에 대한 경」

이 세상이 언제 시작되었을까요?
사실 우리는 잘 모릅니다.
불교경전에는 '태초'라는 개념이 등장하지 않습니다. 생겨나고 유지되고 무너지고 흩어진 뒤, 텅 빈 채로 좀 지나다 다시 생겨나고 유지되고 무너지고 흩어지고, 그런 뒤 텅 빈 상태로 지내다 다시 생겨나고 유지되고……

불교에서 말하는 시간 단위인 겁(劫, kappa)이라는 말도 이 우주가 생겨나서 유지되었다가 소멸하는 시간을 말합니다. 그게 몇 년이냐고요? 정확히 숫자로 말할 수 없을 정도로 아주 긴 시간이어서 차라리 비유를 들어 겁을 설명합니다. 겁에 대해서 일목요연하게 정리한 내용이 『대지도론』 제5권에 등장합니다.

"4천 리나 되는 돌산이 있다. 그곳을 하늘 사람이 백 년에 한 번씩 부드러운 옷을 입고 찾아와 그 돌산을 한 번 스친다. 그렇게 해서 그 돌산이 닳아 없어진다고 하자. 그래도 아직 겁은 끝나지 않았다. 또한 겨자씨를 가득 채운 4천 리나 되는 거대한 성(城)을 하늘 사람이 백 년에 한 번씩 찾아와 겨자씨를 하나씩 꺼내간다. 그렇게 해서 그 성을 가득 채운 겨자씨가 다 없어진다고 하자. 그래도 아직 겁은 끝나지 않았다."

가로세로가 각각 4천 리(里)나 되는 돌산.

1리가 0.392킬로미터, 통상 0.4킬로미터로 환산하고 있으며, 그렇다면 4천 리는 약 1,600킬로미터 정도 됩니다. 남북한을 합쳐서 대략 삼천리라고 하는데, 그보다 1천 리(400킬로미터)가 더 깁니다.

그 정도나 되는 어마어마한 돌산을 잠자리날개옷을 입은 선녀가 백 년에 한 번 내려와서 딱 한 번 살짝 스칩니다. 그때 돌산은 과연 몇 밀리미터 닳아 없어졌을까요? 그렇게 백 년에 한 번씩 선녀가 내려와서 스치고 올라가는 바람에 그 돌산이 다 닳아 없어졌다고 상상해봅시다. 그렇다면 돌산이 모두 다 없어지는 데에는 과연 몇 년이 걸릴까요? 물론 언젠가는 그 돌산은 닳아 없어질 것입니다. 문제는 1겁이란 시간이 그 돌산이 없어지는 시간보다도 더 길다는 사실입니다.

심지어 가로세로가 4천 리나 되는 거대한 성 안에 겨자씨를 가득 채우는 비유도 절묘합니다. 가장 작은 것에 대한 비유로 흔히 겨자씨 혹은 겨자를 드는데, 겨자는 지름이 약 1~1.5밀리미터 정도 됩니다. 그걸 가로세로가 4천 리나 되는 거대한 성 안에 가득 채워 넣습니다. 과연 몇 개가 들어갈까요? 아무튼 그 성 안에 가득 채운 겨자씨를 역시 백 년에 한 번 선녀가 내려와서 한 알씩 가지고 갑니다. 언젠가는 다 없어지겠지만 빈자리가 보일 정도로 겨자씨를 가져가려면 몇 년이 걸릴까요? 그러나 역시 문제는 1겁이라는 시간이 그 성 안의 겨자씨가 다 없어지는 시간보다 더 길다는 것입니다.

한마디로 '겁'은 영원을 상징하는 단위입니다. 그래서 겁은 우주의 주기를 나타내는 단위로 쓰이기도 합니다. 즉 이 우주가 생겨나는 기간을 성겁(成劫)이라 하고, 생겨나서 그 모습 그대로 머무는 기간을 주겁(住劫)이라 하며, 파괴 혹은 변해가는 기간을 괴겁(壞劫)이라 하고, 파괴되어 텅 빈 채로 있는 기간을 공겁(空劫)이라 합니다.

기껏해야 80년, 잘하면 백 년을 사는 인간이 우주의 생성과 소멸, 파괴(지구의 생성이나 파괴가 아닙니다)를 논하려면 그야말로 시간에 대한 생각 자체가 크게 달라지지 않으면 안 될 것입니다.

붓다께서 들려주시는 인간 사회 최초의 모습은 그런 '겁'들이 반복되고 있는 중간의 어떤 특정한 시점일 뿐입니다. 이 우주가 파괴되자 갈 곳이 없어진 중생들이 다른 우주로 옮겨가 살게 되었고, 역시 아주 오랜 세월이 흘러 이 우주가 다시 생겨나자 다른 곳에 살고 있던 생명체들이 다시 이곳으로 옮겨옵니다.


## 인류 최초의 맛

우주 나이는 120억 살도 더 된다고 하고, 지구 나이는 그보다는 좀 적은 45~46억 살 정도 된다고 합니다. 그러니 지금 이 이야기의 배경은 45~46억 년 전부터 시작해서 최초의 인류인 오스트랄로피테쿠스가 출현하게 되는 400~500만 년의 그 어디쯤, 아니 그보다 훨씬 전에 해당되는 시기입니다. 아무튼 생명체가 처음 이 지구에 오게 되었을 때는 지금 우리와 같은 모습은 아니었다는 것이 경전의 말입니다. 그 생명체는 지금 우리가 먹는 것 같은 그런 음식을 먹지 않았고, 몸은 가벼워서 공중을 날아다녔으며, 몸에서 저절로 빛을 발하는 그런 존재였다고 합니다. 마치 환상동화에서나 볼 수 있는 요정 같다고나 할까요? 하지만 성별은 구분 지을 수 없습니다. 그저 환히 빛나고 날아다니는 생명체였습니다. 그들의 몸이 워낙 눈부시게 빛이 났기 때문에 태양도 달도 그 빛을 잃었다고 합니다. 그러자니 인간의 시간 단위도 당시에는 없었습니다. 아침도 저녁도, 일 년, 한 달, 보름이라는 시간도 의미 없던 시절입니다.

그런데 뭔가 특이한 것이 생겼습니다. 바닥에서 저절로 희한한 것이 생겨난 것입니다.

그런데 어느 때인가 문득, 우유를 끓이다 식으면 생기는 얇은 막과 같은 것이 땅에 저절로 생겨났다. 마치 질 좋은 버터 같은 색깔을 띠었고 꿀처럼 달콤했다. 매우 향기롭고 맛있는 이 땅의 막과 같은 것을 본 어떤 중생 하나가 욕심이 일어나서 한입 떼어 맛을 보았다. 한 번 맛을 보고 그 맛에 반했고, 그 중생에게 강한 욕망이 찾아왔다. 그의 모습을 지켜본 다른 중생들도 그를 흉내 내서 한입 떼어 맛을 보았고 그 맛에 빠지자 강한 욕망이 그들을 찾아왔다.

바셋타여, 중생들이 맛있는 흙을 손으로 먹기 시작하자 제 몸에서 나던 빛이 사라졌다. 중생들의 몸에서 빛이 사라지자 태양과 달이

나타났다. 태양과 달이 나타나자 별이 나타나고 한 달과 보름이 나타났다. 한 달과 보름이 나타나자 계절과 일 년이 나타났다. 그렇게 해서 이 세상은 다시 이뤄졌다.

중생들은 오랫동안 땅에서 저절로 생겨난 맛을 먹으면서 살아갔다. 그런데 그것을 먹으면 먹을수록 중생들의 몸은 거칠어졌고 중생들 사이에 용모의 차이가 드러났다. 그러자 보기 좋은 용모의 중생이 그렇지 못한 중생을 비웃으며 '우리가 그대들보다 더 잘생겼다. 그대들은 못생겼다'라며 교만을 떨었다. 그들이 자신들의 잘생긴 용모로 교만을 떨자 맛있는 흙이 사라졌다. 중생들은 그 사실을 알고 "아, 맛이여!"라고 슬퍼했다. 지금도 사람들은 맛있는 음식을 얻으면 "아, 맛이여!"라고 말하는데 이것은 아주 오래전 이 세상의 기원과 관련한 이야기에서 나온 것으로, 하지만 중생들은 그 뜻을 이해하지 못하고 있다.

— 『디가 니까야』 제3품 27번 「세계의 기원에 대한 경」


하늘을 날아다니던 생명체에게 땅바닥은 그리 관계없는 곳이었을 겁니다. 그런데 그 땅에 뭔가 얇은 막 같은 것이 생겨났다는 말입니다. 마치 우유를 끓이면 냄비 위에 얇은 막이 생기는 것과 같은 것이 땅에 생겨났습니다. 그게 왜 어째서 생겨났는지는 묻지 말아주십시오. 우주가 성주괴공 하는 사이 그 어떤 인연이 함께 끼어들어 갔을 테니까요. 경전에서는 '저절로' 생겨났다고 말합니다.

맛있는 흙은 라사 빠타비(rasa-pathavi)입니다. 라사는 '맛'을, 빠타비는 '흙' 또는 '땅'이라는 말입니다. 한문으로는 지미(地味)라고도 하고, 미토(味土)라고도 합니다.

사실 땅에서 아무리 희한한 것이 생겨났어도 하늘을 날아다니는 빛나는 생명체들의 관심을 그리 끌지는 못했습니다. 그런데 이 생명체 중에서 욕심 많은 자가 그걸 손으로 떼어내서 맛을 보았습니다.

이 욕심(lola)은 무엇이 되었든 간에 처음 본 것에 대한 강한 흔들림을 의미합니다. 끌림이랄까요? 이 욕심은 결국 '맛을 보게' 합니다.

그리고 그 '맛을 본다'는 행위!

인간의 역사는 바로 이 행위에 시초를 두고 있습니다.


그 달콤한 맛이 목을 넘어가고 몸 안으로 들어가자 생명체에게는 강한 욕심(taṇhā)이 생겨납니다. 생명체 하나가 자꾸 그걸 먹자, 다른 생명체가 궁금해진 모양입니다.

'대체 저이는 뭘 그리 맛있게 먹고 있을까? 어디 나도 한번……'

그렇게 해서 생명체들이 하나둘 땅에서 생겨난 맛난 것을 먹기 시작했습니다. 그게 몸속으로 들어가자 변화가 일어나기 시작합니다. 지금 우리의 몸처럼 딱딱한 것들이 생겨나기 시작하고 스스로 내뿜던 빛을 잃게 됩니다.

그제야 해와 달과 별의 빛이 인식되기 시작했습니다. 그동안 없던 것이 생겨났다기보다는 생명체의 빛에 가려져 있다가 드러나기 시작했다고 봐야 할 것입니다. 그러면서 시간과 세월의 개념도 덩달아 생겨납니다.

게다가 그걸 먹는 생명체들에게도 서서히 다른 점이 나타나기 시작합니다. 어떤 자는 맛에 취해서 엄청나게 많이 먹고, 어떤 자는 조금 먹었습니다. 많이 먹은 자의 몸이 적게 먹은 자의 몸보다 더 많이 달라졌을 게 분명합니다. 적게 먹은 자가 많이 먹은 자의 모습을 보고 '볼품없다'고 비웃었을 것입니다. 용모를 비교하는 행위로 인해 교만도 생겨났습니다. 자기보다 떨어지는 자를 향해 품는 '내가 더 낫다'라는 생각[慢], 비슷한 자를 향해서도 '그래도 내가 더 낫다'라는 생각[過慢]입니다.

남과 비교해서 자신이 더 낫다고 우쭐대는 마음이 서서히 세상을 지배하게 되자 맛있는 흙이 사라집니다. 이건 좀 생각해볼 만합니다. 맛있는 흙을 덜 먹은 자가 더 먹은 자를 보고 '보기 흉하다. 그래도 덜 먹은 내가 더 낫다'라고 생각했고, 그러자 그 맛있는 흙이 사라졌다는 것은 대체 뭘 뜻할까요? 바로 탐욕스러운 자가 자꾸 먹어서, 그래서 다 먹어 치운 바람에 맛있는 흙이 사라진 게 아니라 덜 먹은 자의 교만으로 인해 사라졌다는 것입니다.

## 먹을거리가 생기다

이제 생명체들은 무얼 먹고 살아야 할까요? 하지만 걱정 없습니다. 그보다는 못하지만 또 새로운 먹을거리가 저절로 생겨났기 때문입니다.

바셋타여, 중생들에게 달콤한 흙이 사라지자 이번에는 매우 향기롭고 맛있는 땅 조각이 버섯처럼 생겨났다. 그것은 마치 질 좋은 버터 같은 색깔을 띠었고 꿀처럼 달콤했다. 이 땅 조각을 본 어떤 중생들이 그 맛을 보았다. 그들은 그것을 먹고서, 그것을 먹을거리로 삼아 오랫동안 살아갔다. 저 중생들이 그것을 먹을거리로 삼아 오랫동안 살아갔는데 그것을 먹으면 먹을수록 중생들의 몸은 거칠어졌고 중생들 사이에 용모의 차이가 드러났다. 그러자 보기 좋은 용모의 중생이 그렇지 못한 중생을 비웃으며 '우리가 그대들보다 더 잘생겼다. 그대들은 못생겼다'라며 교만을 떨었다. 그들이 자신들의 잘생긴 용모로 교만을 떨자 땅 조각이 사라졌다.

— 『디가 니까야』 제3품 27번 「세계의 기원에 대한 경」

두 번째로 나타나는 먹을거리는 땅 조각(bhūmi-pappaṭaka)입니다. 앞서 살펴본 맛있는 흙과 비슷한데 어떻게 옮겨야 좀더 정확할지, 어렵습니다. 전재성 박사는 '균류'로, 각묵 스님은 '땅의 부산물'로 그리고 『남전대장경』에서는 '이끼[地蘚]'라고 말합니다. 역시 욕심이 일어난 생명체가 맛보기 시작했고 그리하여 이 땅 조각을 먹을거리로 삼아 오랫동안 지내게 됩니다. 그리고 역시 많이 먹은 이의 몸이 더 거칠고 딱딱해졌으며, 적게 먹은 이의 몸은 그나마 예전의 유연함을 유지합니다. 용모에 차이가 생겨나자 잘생긴(땅 조각을 덜 먹은) 중생이 거친 용모의 중생과 자신을 비교하며 교만을 떨고, 그로 인해 땅 조각은 사라집니다.

바셋타여, 땅 조각이 사라지자 이번에는 매우 향기롭고 맛있는 바달라타 풀이 넝쿨풀처럼 생겨났다. 그것은 마치 질 좋은 버터 같은 색깔을 띠었고 꿀처럼 달콤했다. 바달라타 풀을 본 어떤 중생들이 맛을 보았다. 그들은 그것을 먹고서 그것을 먹을거리로 삼아 오랫동안 살아갔다. 바달라타 풀을 먹으면 먹을수록 중생들의 몸은 더욱 더 거칠고 딱딱해져갔고 중생들 사이에 용모의 차이가 드러났다. 그러자 보기 좋은 용모의 중생이 그렇지 못한 중생을 비웃으며 '우리가 그대들보다 더 잘생겼다. 그대들은 못생겼다'라며 교만을 떨었다. 그들이 자신들의 잘생긴 용모로 교만을 떨자 바달라타 풀은 사라졌다. 바달라타 풀이 사라지자 중생들은 모여서 '아, 이제 우리는 어쩌지? 우리에게는 바달라타 풀이 있었는데…… 이제 우리에게서 사라져버렸다!'라며 슬퍼했다. 지금도 사람들은 뭔가 괴로운 일을 당하면 '아, 우리에게 있었는데…… 이제 우리에게서 사라져버렸다'라며 슬퍼하는데, 이 탄식의

말은 고대에 기원을 두고 있어서 그 기억으로 인해 내뱉는 것이지만,
사람들은 이 말의 뜻을 알지 못하고 있다.

—『디가 니까야』 제3품 27번 「세계의 기원에 대한 경」

세 번째로 나타난 먹을거리는 풀입니다. 이 말은 인류 역사에 식물이 나타났다는 뜻으로 봐도 좋을 듯합니다. 그리고 인류는 그 풀을 먹으며 살아갑니다.

바달라타 풀은 맛 좋고 향긋한 넝쿨 풀이라고 합니다. 그나마 맛이 좋아서 오랫동안 의지해서 먹고 살았는데 역시나 더 먹은 사람과 덜 먹은 사람이 서로를 비교하며 잘생겼다, 못생겼다며 흉보고 비난하기를 반복합니다. 그로 인해 그 식물마저 사라지고 이제 사람들은 상실감에 젖습니다.

그전에는 저절로 생겨난 것을 그냥 먹었을 뿐인데, 어느새 사람들은 '그게 있었는데……'라며 탄식하게 됩니다. 무엇인가가 존재했었다는 걸 인식하게 되고, 그것이 사라지자 상실감을 맛보게 된 것입니다.

아무런 걸림도 집착도 없이 하늘하늘 공중을 날아다니며 기쁨을 음식으로 삼고 스스로 몸에서 빛을 내던 생명체가 이제는 땅에서 생겨난 부산물에 맛을 들이며, 끝내는 '멀쩡히 있던 것이 왜 사라졌을까'라며 탄식하게 됩니다. 이것이 바로 인간 존재의 시원(始

原)이라는 것이 초기경전 니까야의 생각입니다. 처음부터 내 것이 아니었고, 처음부터 그 모양 그대로 존재해서 영원히 가는 것도 아니었건만 사람들은 자신과 주변의 것이 머물다 사라지는 것을 보고 '있던 것인데…… 왜 사라지지?'라며 아쉬워합니다.

인류 역사에서 유일한 먹을거리였던 식물은 이제 쌀로 대체됩니다.


## 쌀의 탄생

바셋타여, 중생들에게 바달라타 풀이 사라지자 이번에는 애써 경작하지 않아도 저절로 여문 쌀이 나타났다. 속겨와 겉겨가 없었고 손질하지 않고 그냥 먹어도 되는, 매우 향기로운 쌀이었다. 저녁에 먹을 만큼 가져가서 먹은 뒤 다음 날 아침에 논에 나가 보면 그만큼이 그대로 자라나 있었다. 아침에 먹을 만큼 가져가서 먹은 뒤 그날 저녁 논에 나가 보면 역시 아침에 가져간 만큼이 그대로 자라나 있었다. 애써 경작할 필요도 없었고, 버릴 것도 없었다. 중생들은 저절로 여문 쌀을 먹을거리로 삼아 오랜 세월 살아갔다.

그런데 중생들이 저절로 여문 쌀을 먹으며 오랜 세월 살아갈수록 그들의 몸은 더욱 딱딱해지고 용모에 차이가 생겨났다. 그리고 여자에게는 여자의 특징이, 남자에게는 남자의 특징이 나타났다. 그러자 여자와 남자는 서로를 오랜 시간 물끄러미 지켜보게 되었다. 그렇게 한참을 물끄러미 지켜보는 가운데 그들에게 탐욕이 생겨났다. 몸은 뜨겁게 달아오르기 시작했고 그들은 달아오르는 열 때문에 성관계를 갖기 시작했다.

하지만 그때 저들 중생들이 성관계를 갖는 것을 보고 다른 중생들은 흙을 던지거나 재를 뿌리거나 소똥을 던지며 소리쳤다.

"불결한 것은 사라져라. 어떻게 중생이 중생에게 그런 짓을 할 수 있단 말인가!"

그리하여 오늘날에도 어떤 지방에서는 새신부를 보낼 때 진흙이나 재, 혹은 소똥을 던지는 것이다. 그들은 고대에 기원을 두고 있어서 이렇게 행동하지만 그 속에 담긴 뜻을 아는 이는 없다.

바셋타여, 과거에는 법답지 못하게 여겨지던 일이 오늘날에는 당연하게 여겨지고 있다. 그 당시 성관계를 갖던 중생들은 한 달이나 두 달간 마을에 들어가지 못했다. 저 중생들은 그 법답지 못한 행위에 시도 때도 잊고 몰두하면서 그 행위를 가리기 위해 집을 짓기 시작했다.

— 『디가 니까야』 제3품 27번 「세계의 기원에 대한 경」


쌀이 주식인 인도답게 네 번째로 등장하는 먹을거리는 쌀입니다.

최초의 쌀은 저절로 여문 것입니다. 그렇기 때문에 논에 쌀이 자란 것이 아니라 논에 밥이 달렸다고 말하는 게 더 낫지 않을까 합니다. 모내기할 일도, 피를 뽑을 일도, 비를 기다리거나 장마를 걱정할 일도, 수확해서 탈곡할 일도 없습니다. 아침에 일어나 배가 고프면 나가서 먹으면 됩니다. 종일 다른 일을 하며 지내다 저녁 즈음에 다시 배가 고파지면 밖으로 나가 주렁주렁 매달려 있는 '밥'을 먹으면 됩니다.

단, 앞서와 달리 하루 두 끼 식사한다는 개념이 생겼고, 또 식물이 자라나고 여무는 과정도 생겨납니다. 일단 베어 먹으면 없어지고 밤새 혹은 낮 사이에 다시 자라나서 여뭅니다.


## 남녀의 탄생

그렇게 오랜 세월 저절로 여문 쌀을 먹으면서 살게 되자 중생들의 몸에 더욱 특이한 점이 생겨납니다. 예전처럼 그저 잘생겼다, 못생겼다는 차이가 아니라, 완전히 다른 구조로 나뉘게 되었다는 것입니다. 그렇습니다. 여자에게는 여자의 특징이, 남자에게는 남자의 특징이 나타났습니다. 즉 여자의 성기와 남자의 성기가 사람마다 각각 하나씩 생겨났다는 것입니다.

비로소!

남자와 여자가 생겨납니다. 남자의 갈비뼈를 재료로 해서 멋지게 만들어진 것이 아니라 남자와 여자가 동시에 생겨났다는 것이

니까야의 견해입니다. 누가 먼저랄 것도 없고, 누가 우선이랄 것도 없습니다. 남자는 하늘이요, 여자는 땅인 것도 아닙니다. 아담의 갈비뼈가 이브인 것도 아닙니다(게다가 경전에는 남녀 순서가 아니라 여남의 순서로 적혀 있습니다). 중생의 욕망으로 거친 음식을 먹다 보니 몸이 거칠고 딱딱해졌고, 그렇게 더 지내오다 보니 암수의 구별이 생겨났다는 것입니다. 차이가 생겨났을 뿐, 차별의 뜻이 담겨 있지는 않습니다.

이제 중생들은 자기와 다른 몸이 궁금해서 자꾸만 바라보게 됩니다. 다른 것은 시선을 끌기 마련일까요? 다른 것[異性]을 자꾸 바라보는 데 시도 때도 없습니다. 뚫어져라 쳐다봅니다. 가까이 다가가서 물끄러미 바라봅니다. 그러다가 서로에게 욕망(sarāga)이 생겨납니다. 욕망은 몸에 열을 일으킵니다. 초조하고 번민에 사로잡혀 사람을 달아오르게 만듭니다. 그 열로 인해 서로 다른 두 성(性)은 관계를 갖기 시작합니다. 마침내 인류 역사에 성행위(성교)가 등장합니다.

하지만 아직 성행위에 '눈을 뜨지 못한' 중생들은 그게 영 못마땅하고 께름칙합니다. 어떻게 중생이 다른 중생에게 그런 행위를 할 수 있느냐는 것이 많은 중생들의 생각입니다.

"저리 가! 보이지 않는 데서 해!"

인류 최초의 성행위는 보통 사람들의 눈에 껄끄럽게 보였고, 사람들을 피해 인적 드문 곳으로 가서 성교를 한 남녀는 그렇게 한 달이건 두 달이건 보냈을 테고, 매번 피해 다닐 수는 없으니 차라리 벽을 쌓자는 결론을 내렸다는 것입니다. 인간 세상에 집이라는 것이 탄생하는 순간입니다.

집은 지붕과 벽이 있습니다. 그 속에서 세상 사람들의 시선과 비난으로부터 보호를 받은 여자와 남자는 이제 맘 놓고 시도 때도 없이 성행위를 할 수 있었을 테지요.


## 귀차니즘의 발명

바셋타여, 한편 게으른 중생들은 이렇게 생각했다.

'왜 나는 아침에 먹을 것을 아침에 가지러 가고 저녁에 먹을 것을 저녁에 가지러 가느라 분주하게 사는 것일까. 그러지 말고 저녁식사와 아침식사를 한꺼번에 가져오면 낫지 않을까?'

그리하여 그 중생은 두 끼의 식사를 위해 쌀을 한꺼번에 가지고 왔다. 그때 다른 중생이 그 중생을 찾아와서 말했다.

"이보게, 쌀을 가지러 가세."

"나는 가지러 가지 않아도 되네. 두 끼 식사할 쌀을 한 번에 가져왔거든."

그 말을 들은 중생은 이틀치 식사할 쌀을 한 번에 거둬갔다. 그리고 말했다.

"그거 참 좋은 생각이다."

그런데 또 다른 중생이 그에게 다가와 말했다.

"이보게, 쌀을 가지러 가세."

"나는 가지러 가지 않아도 되네. 이틀치 식사할 쌀을 한 번에 가져왔 거든."

그러자 그 말을 들은 중생은 나흘치 식사할 쌀을 한 번에 거둬갔다. 이 이야기를 들은 또 다른 중생은 여드레치 식사할 쌀을 한 번에 거둬 갔다.

중생들이 쌀을 한꺼번에 거둬가 쌓기 시작하자 논에 있던 쌀에 속겨 와 겉겨가 생겨났다. 그리고 한번 베면 다시는 자라지 않고 베어낸 자리가 드러났으며, 한 무더기 한 무더기씩 무리지어 자라게 되었다.

—『디가 니까야』 제3품 27번 「세계의 기원에 대한 경」

이제 세상은 남녀가 끼리끼리 모여 집을 짓게 되었습니다. 그리고 하루 두 끼씩 꼬박꼬박 식사를 하게 되었습니다. 하지만 그런 가운데 어떤 사람에게 이런 생각이 떠올랐습니다.

'왜 이렇게 번거롭게 하루에 두 번씩 쌀을 가지러 다녀야 하지? 아, 귀찮아!'

그는 하루에 두 번씩 밥 먹으러 나가야 했던 것을 한 번으로 줄입니다. 지금 생각으로는 그야말로 아무것도 아니겠지만 당시로서는 획기적이고 파격적인 아이디어입니다. '저장'이라는 개념이 생겨나기 때문입니다.

이 사람은 그야말로 인류 역사에서 게으름의 원조요, 귀차니즘의 기원이라 해도 지나치지 않습니다. 사실 게으름이 꼭 나쁜 것만은 아닙니다. 귀차니즘은 때로 엄청난 문명을 만들어내기도 하니까요. 구텐베르크가 성경을 일일이 베껴 쓰기가 얼마나 귀찮았으면 금속활자 인쇄술을 만들어냈겠습니까. 그리고 그의 인쇄 혁명은 소수의 성직자만 읽던 성경을 일반 대중의 손에 쥐어주게 되고, 하나의 문서를 짧은 시간에 엄청나게 많이 생산해낼 수 있게 만들었습니다. 마르틴 루터가 면죄부 판매의 부조리를 조목조목 밝힌 문서가 순식간에 50만 부나 배포되고, 그 결과 종교혁명이 일어났다고 하지요. '귀찮아하던' 구텐베르크의 생각이 인류 정신사의 대전환에 어마어마한 기폭제가 되었다고 해도 지나치지 않습니다.

모두가 끼니를 해결하러 하루 두 번 집 밖에 나가는 일을 당연하게 여기던 시절, 그게 귀찮았던 사람이 떠올린 개념이 '저장'입니다. 이후 저장이라는 방식은 사람 사는 세상에 엄청난 변화를 가져옵니다. '왜 내가 그걸 생각하지 못했지?'라며 너도나도 따라 하기 시작한 것입니다.

그런데 경전을 가만히 읽다 보면, 누군가가 자기 집으로 가져가는 양은 앞 사람의 배입니다. 앞 사람이 하루 두 끼 식사분을 한 번에 가져왔는데, 다음 사람은 이틀치를 한 번에, 그 다음 사람은 나

홀치를, 그 다음 사람은 여드레치를 가져왔다는 문장이 재미있습니다. 그렇다면 21세기를 살아가는 우리는 며칠치의 쌀을 저장해 두고 먹고 있는지 생각해볼까요?

무려 365일치입니다. 무려!

게다가 햅쌀이 나오면 묵은 쌀을 처분하는 데 전전긍긍하는 가정도 많습니다. 풍요로움을 느낄 수 있습니다. 물론 세상에는 그 흔한 쌀도 없어서 굶고 있는 사람도 부지기수입니다.

그냥 두면 영원히, 아니 오래도록 맘껏 먹을 수 있었을 텐데 너도나도 앞사람보다 더 많이 자기 집으로 가지고 가자 결국 일이 벌어지고 맙니다. 저절로 익어서 매달려 있던 쌀이 거칠고 딱딱해지기 시작한 것입니다. 껍질이 알맹이를 싸게 되었고, 한번 베면 그자리에 그 전만큼 자라지 못했으며, 논에는 벼를 벤 그루터기가 보이게 되었습니다.

그러니까 게으름이 저장을 부르고, 저장은 경쟁을 불렀으며, 경쟁은 결국 자연의 풍요로움을 죽여버리고 말았다는 것이 이 경의 요점입니다. 어디에나 먹을 것이 넘쳤건만 이제는 무리지어 자라나게 되었고, 한번 베어버리면 두 번 다시 저절로 자라나지 않게 되었습니다. 이제 사람들은 다른 이의 욕망을 주시하면서 자기 먹을 몫이라도 지켜야겠다는 생각을 하게 됩니다. 바로 금을 긋고 '내 땅'이라고 주장하게 된 것이지요.

# '내 것'과 '네 것'의 개념이 생기다

그러자 중생들이 모여서 탄식하며 말했다.

"여러분, 뭔가 사악한 일이 우리에게 나타났습니다. 우리는 예전에는 뜻으로 이루어졌고, 기쁨을 먹을거리로 삼았으며, 스스로 빛을 내고 하늘을 날아다니며 청정하게 오랜 시간 살아왔습니다. 그런데 언제부터인가 맛있는 땅 조각이 생겨났고, 그것이 사라지자 이끼류가 생겨났고, 그것이 사라지자 바달라타 풀이 생겨났고, 그것이 사라지자 경작하지 않아도 저절로 여문 쌀이 나타났습니다. 하지만 지금은 쌀에 속겨와 겉겨가 나타났고 베어버리면 다시 자라지 않고 무리지어 자라는 일이 벌어지고 말았습니다. 이제 우리는 벼를 나누고 땅에 경계를 그어야 하지 않을까요?"

그리하여 저 중생들은 벼를 나누고 땅에 금을 긋기 시작했다. 그런데 어떤 욕심 많은 중생이 자기 영역에서 자라는 쌀은 굳게 지키면서도 다른 자의 영역에서 자라는 쌀을 그 주인이 주지 않았는데도 가져와서 먹었다. 그러자 중생들이 그를 붙잡아서 이렇게 말했다.

"그대는 참으로 나쁜 짓을 하였소. 자기 땅의 몫은 굳게 지키면서 어째서 남의 땅에서 자라는 몫을 그 주인이 주지 않는데도 가져간단 말이오. 앞으로는 절대로 그러지 마시오."

"알았소."

하지만 이 중생은 몇 번이나 거듭 제 땅에서 자라는 쌀은 굳게 지키면서 남의 땅에서 자라는 쌀을 그 주인이 주지 않았는데도 가져와서 먹었다. 결국 중생들은 그 사람을 붙잡아서 흙을 던지고 손과 몽둥이로 때렸다. 이때부터 주지 않은 것을 가져가는 행위가 세상에 알려졌고, 비난과 거짓말과 처벌이 세상에 알려졌다.

—『디가 니까야』 제3품 27번 「세계의 기원에 대한 경」

그나마 다행인 것은 경에 등장하는 사람들이 세상이 어떻게 돌아가고 있는지를 알고, 그에 대해 탄식하고 있다는 점입니다. 하지만 이제는 예전으로 돌아갈 수 없음을 알고, 대신 또 하나의 사회적 약속을 만들어냅니다.

땅에 금을 긋고, 벼를 나누는 것입니다.

자연적이고 서로 공유하던 것에 대해 사유를 주장하게 된 것입니다. '사유화'는 쉬운 말로 '내 것으로 삼기'라고 할 수 있겠지요. 지구 위에 금을 긋고 주인의 이름을 적은 문패를 답니다. 그리고 이제 사람들은 이미 남의 것이 되어버린 지구의 땅을 자기 것으로 확보하기 위해 죽을 만큼 고생하게 됩니다.

아메리카 대륙의 인디언에게는 땅에 임자가 없었다고 합니다. 류시화 시인의 『나는 왜 너가 아니고 나인가』라는 책에 실린 '시애틀'이라는 이름을 가진 인디언 추장은 이렇게 연설했습니다.

"어떻게 공기를 사고팔 수 있단 말인가? 재잘거리는 시냇물을 어떻게 소유할 수 있으며, 또 소유하지도 않은 것을 어떻게 사고팔 수 있는가?"

인디언의 이런 태도는 소유에 대해 다시 생각하게 합니다. 우리는 잠시 이 대지에 몸을 기대고 살아가는 존재이며, 그저 땅에서 주는 것을 먹이로 삼고 복닥복닥 거리다가 다시 땅으로 돌아가는 존재이기 때문입니다.


## 거짓말의 기원

하지만 몸을 기대고 살다가, 어느새 제 몸을 기대고 있던 것에 슬그머니 '내 것'이라는 문패를 붙이기 시작합니다.

'내 것'을 주장하다 보면 '남의 것'이라는 개념이 저절로 따라붙는 모양입니다. '남의 것'보다는 '내 것이 아닌 것'이라는 표현이 조금 더 정확할까요?

어쨌든 이제 사람들은 '내 것'은 꽉 움켜쥐거나 잘 숨겨두고, '내 것 아닌 것', 즉 '남의 것'과 '내 것'을 비교하기 시작합니다. 언제나 그렇듯이 남의 것이 더 커 보이는 법이지요. 마침내 이렇게 남의 것이 더 커 보이는 사람 중 한 사람이 슬그머니 남의 땅으로 들어갑니다. 그리고 그 땅의 주인이 허락하지 않았음에도 남의 것을 제 것인 양 가져옵니다. '주어지지 않은 것을 가져온 것'입니다.

불교에서는 삼가야 할 행위 중에서도 특히 '도둑질'을 꼽고 있습니다. 열 가지 악업 중에서도 몸으로 짓는 악업의 두 번째 항목이 바로 '투도(偸盜)'입니다. 오계 중의 두 번째 항목 역시 '불투도(不偸盜)'입니다. 이 말에 해당하는 팔리어는 '아딘나다나(adinnādāna)'로, '주어지지 않은 것을 갖는 것'이라는 뜻입니다. 그래서 한문경전에서는 불여취(不與取)라고도 합니다. 열 가지 악업 가운데 두 번째 항목인 '도둑질(투도)'이라는 악업은 이렇게 해서 세상 사람들 사이에 나타나게 됩니다.

"아니, 어떻게 그럴 수 있지? 자기 것도 아니면서 어떻게 가져갈 생각을 하지?"

"그러게 말이야. 주인이 주지도 않았는데 어떻게 그걸 가지려고 했을까?"

처음에 사람들은 그런 생각을 한다는 것 자체에 놀라고 어리둥절했을 것입니다. 그야말로 생각지도 못한 일이기 때문입니다. 그래서 그의 행위를 흉보고 옳지 않다고 지적하며 비난했을 것입니다. 이때 사람들 사이에서 남의 행위에 대한 '비난'이 등장합니다. 하지만 당시에는 그저 "그러지 마시오"라고 말로만 말렸겠지요.

"아, 알았소. 앞으로는 그러지 않겠소."

남의 것을 가져가다가 들킨 사람은 아마도 이렇게 말했을 겁니다.

하지만 남의 것을 탐하는 데에 맛 들인 사람은 그 행위를 거듭하며 사람들에게 마음에도 없고 지키지도 못할 말을 하게 됩니다.

바로, '거짓말'입니다.

망어(妄語)라고도 하며, 팔리어로는 무사바다(musāvāda), 즉 '틀리게 말하기, 거짓으로 말하기'라는 뜻입니다.

거짓을 말하는 자를 보다 못한 사람들이 들고 일어섰을 것입니다. 처벌에 나선 것이지요. 때리고 비난하고 심하게 질타를 합니다. 이렇게 해서 세상에는 '처벌'과 '형벌'이라는 개념이 등장합니다.

처벌을 할 경우 '주어지지 않았는데도 남의 것을 가져가는 행위'는 잠시 잦아지겠지만, 일시적일 뿐입니다. 그래서 사람들은 이제 자신의 집에서 혹은 자기 소유의 논밭에서 허락 없이 누가 무엇을 가져가는지 지켜보기 시작합니다. 이렇게 되니 여간 불편하지 않습니다. 어딜 가고 싶어도 마음이 놓이지 않고, 잠시 눈을 감고 쉬고 싶어도 불안해서 그럴 수가 없습니다. 필요는 늘 무언가를 발명해내게 마련이지요. 사람들은 다시 모여 의논을 합니다.


## 권력자의 등장

그러자 중생들이 다시 모였다. 그들은 비탄에 잠겨 이렇게 말했다. "여러분, 사악한 일이 우리에게 나타났습니다. 주지 않은 것을 가지는 일이 나타나고, 비난과 거짓말, 처벌이 나타났습니다. 그렇다면 이제 우리를 대신해서 꾸짖어야 할 자를 비난하고, 꾸짖고 추방해야 할 자를 대신 추방해줄 사람을 선정하는 것이 어떻겠습니까? 대신 우리가 그에게 쌀을 나눠주기로 하지요."

그러자 중생들은 자신들 가운데 보기 좋고 훌륭하고 능력이 있는 사람을 골라서 그에게 이 일을 제안했다. 그리하여 그 중생은 다른 중생들을 대신해서 추방해야 할 자를 비난하고 꾸짖고 추방했으며, 사람들은 약속대로 그의 몫만큼 쌀을 나눠주었다.

바셋타여, '많은 사람에 의해서 뽑힌 사람'이기 때문에 '마하쌈마따'라는 첫 번째 호칭이 생겨났다. '토지의 주인'이라고 해서 '캇띠야'(끄샤뜨리야)라는 두 번째 호칭이 생겨났다. '법으로 남을 다스린다'라고 해서 '라자'라는 세 번째 호칭이 생겨났다.

왕족 집단의 기원은 이렇게 오래 전 칭호로 만들어진 것이다. 그들은 우리 같은 중생들로부터 생겨난 것이지 달리 특별하게 생겨난 존재가 아니요, 원칙에 따라 생겨난 것이지 원칙 없이 그냥 생겨난 것이 아니다.

— 『디가 니까야』 제3품 27번 「세계의 기원에 대한 경」


이 부분은 몇 번을 읽어도 짜릿합니다.

세상에 왕이라는 존재가 생겨난 기원을 설명하는 부분입니다. 사람들은 아주 오랫동안 왕을 하늘이 내려주신 매우 특별한 존재로 여겨왔습니다. 절대 지존이 왕입니다. 하지만 이 경에서는 '왕'이라는 존재가 인간 사회에서 어떻게 시작되었는지 그리고 왕을 부르는 인도식 이름이 어떻게 시작되었는지를 명쾌하게 밝혀주고 있습니다.

자기 것만 지키면서 살 수 없었던 사람들은 누군가가 그 일을 대신해주길 바랐습니다. 그래서 인물 좋고 괜찮아 보이는 사람 하나를 선정한 것이지요. 어쩌면 목소리도 좋았을지 모릅니다. 왜냐하면 잘못한 사람을 불러서 꾸짖으려면 뭔가 강한 느낌을 줘야 하니까요. 이처럼 '왕'은 사람들의 필요에 의해서 만들어놓은 자리입니다. 바로 여기서 '백성'으로 불리는 사람들이 왕의 자식이 아닌 왕의 주인임을 알 수 있습니다. 왕에게 사람들이 자신들의 수확물 중 일부를 걷어서 수고비를 주겠다고 제안했고, 그것을 수락했기 때문에 왕이 된 것이니까요. 그는 이제 더 이상 남들처럼 농사를 짓거나 노동하지 않았고, 오직 사람들 사이를 살피고 그른 행위가 눈에 띄었을 때 그걸 처리하는 일에만 종사하게 되었습니다.

지금으로부터 2,600여 년 전, 인도 땅에서 눈을 뜬 사람(붓다)은 이와 같은 견해를 가지고 있었습니다.

"태생이나 출신 계급을 보지 말고 그 사람의 행위를 보십시오."

"태생이나 출신 계급 이런 것들은 사람들의 사회적 약속에 지나지 않습니다. 그보다 더 중요한 것은 지금 사람이 어떤 생각을 하고 어떤 행위를 하는가입니다."

이런 메시지가 초기경전에 숱하게 등장하는 이유도 이 때문입니다. 붓다는 핏줄로 그 사람의 귀천을 따지는 사람들이 그만큼 더 안타까웠을 것입니다.

붓다는 앞서 당시 인도 사회에서 가장 높은 계급이라 자처하던 바라문들에게 충격적인 견해를 펼쳤지요.

"바라문 여자들도 여느 계급의 여자들처럼 똑같이 월경을 하고, 임신하고, 출산하고, 아이에게 젖을 먹인다. 대체 태생의 고귀함이라는 것을 무엇으로 규정한단 말이냐!"

그런데 절대 권력자인 왕조차도 사람들의 필요로 뽑힌 사람이고, 그들에게 수고비를 받는 존재라고 말하고 있는 것입니다. 신의 입에서 태어난 적자(嫡子)를 자처하며 무오류(無誤謬)를 주장하던 당시 바라문 계급 사람들에게는 그야말로 청천벽력이요, 곱게 들어줄 수 없는 일갈이었을 테지요.

하지만 저들이 뭐라 반박하든 붓다의 생각은 이와 같았습니다. 바라문이든 끄샤뜨리야든 하다못해 천민이든지 간에 선한 행위, 악한 행위가 그 사람의 귀천을 말해줄 뿐이라는 것입니다.


## 다양한 삶의 방식이 생겨나다

이리하여 세상에는 직업의 분화가 조금씩 일어납니다. 다음의 내용은 세속 사람들을 피해 명상하는 수행자가 생겨나게 된 사연과 수행자를 자처하며 돈벌이에 나서는 세속의 종교인들, 평민들, 그리고 신분 계급에 구애받지 않고 자유롭게 수행하는 수행자 집단에 대한 유래를 설명하고 있습니다.

그런데 중생들 가운데 어떤 사람들은 이렇게 생각했다.

'우리에게 사악한 행위가 나타났다. 이제 우리는 그와 같은 사악한 일을 없애야 하지 않을까?'

그리하여 그들은 사악한 행위를 제거했다. '사악한 행위를 없앤다' 라는 뜻에서 '바라문'이라는 첫 번째 호칭이 생겨났다. 그들은 음식을 요리해서 먹지 않았고, 오두막에서 명상했다. 예전처럼 저녁에는 저녁식사를, 아침에는 아침식사를 하기 위해 마을로 내려와서 탁발하고 음식을 얻으면 다시 조용한 숲 속의 오두막에서 명상했다. '명상을 한다'고 해서 '자야까'라는 두 번째 호칭이 생겨났다.

그런데 이들 가운데 어떤 사람들은 조용한 숲속 오두막에서 명상하는 것을 견디지 못했다. 그들은 다시 마을 근처로 내려와서 책(베다)을 만들며 지냈다. 그들에게는 '명상하지 않는다'라는 뜻에서 '앗자야까'라는 세 번째 호칭이 생겨났다.

중생들 가운데 어떤 사람들은 결혼해서 여러 일을 했다. 그런 뜻에서 '벳싸'라는 호칭이 생겨났다.

중생들 가운데 어떤 사람들은 사냥하거나 잡다한 일을 하며 지냈는데 그런 뜻에서 '쑷다'라는 호칭이 생겨났다.

왕족과 바라문과 평민과 노예 가운데 자신의 계급을 귀히 여기지 않고 출가하는 때가 있었다. 네 집단에서 수행자 집단이 생겨났다.

—『디가 니까야』 제3품 27번「세계의 기원에 대한 경」

이제 세상에는 다양한 성향과 계층이 나타나게 됩니다. 어떤 이들은 몸으로 노동해서 '밥'을 구하지 않고 수행하며 지내고, 어떤 이는 결혼해서 가정을 꾸리고 자식을 낳느라 억척스럽게 돈을 벌고, 어떤 이는 산과 들로 나가서 사냥을 하며 살게 됩니다. 그리고 이런 세속의 일에 별다른 흥미를 느끼지 못하는 사람 중에 수행을 자신의 업으로 삼는 이가 생겨납니다. 세상의 온갖 삶의 방식이 이처럼 자꾸만 나뉘게 되었습니다. 여러분은 지금 이 중에서 어떤 방식을 택해서 살아가고 있습니까?

바셋타여, 왕족과 바라문, 평민과 노예 모두 몸과 입과 뜻으로 악업을 짓고, 악업을 지으면 죽어서 괴롭고 나쁘고 비참한 지옥에 태어난다. 수행자도 몸과 입과 뜻으로 악업을 짓고, 악업을 지으면 죽어서 괴롭고 나쁘고 비참한 지옥에 태어난다.

왕족과 바라문, 평민과 노예 모두 몸과 입과 뜻으로 선업을 짓고, 선업을 지으면 죽어서 좋은 곳, 하늘에 태어난다. 수행자도 몸과 입과 뜻으로 선업을 짓고, 선업을 지으면 죽어서 좋은 곳, 하늘에 태어난다.

왕족과 바라문, 평민과 노예 모두 몸과 입과 뜻으로 선업을 짓기도 하고 악업을 짓기도 한다. 이들은 선악의 두 가지 업을 지어서 죽은 뒤에는 즐거움과 괴로움을 다 겪는다. 수행자도 몸과 입과 뜻으로 선업을 짓기도 하고 악업을 짓기도 한다. 이들은 선악의 두 가지 업을 지어서 죽은 뒤에는 즐거움과 괴로움을 다 겪는다.

— 『디가 니까야』 제3품 27번 「세계의 기원에 대한 경」

경전은 이제 다시 맨 앞의 주제로 돌아갑니다. 귀족이건 성직자건 천민이건 사회적 필요에 의해 붙여진 이름일 뿐이요, 업을 짓는다는 차원에서는 너나없이 똑같은 중생이라는 메시지로 다시 돌아간 것이지요.

업은 의지를 가지고 하는 행위입니다.

어떤 의도를 가지고 하는 일이 업입니다.

흔히 사람들은 '업'을 전생에 지은 죄라고 생각합니다. 하지만 초기경전을 읽어봐도 '전생에 지은 죄' 운운하며 그걸 업이라고 규정지은 걸 보지 못했습니다. 어쩌면 생각보다 인생이 잘 풀리지 않는 이유를 현실에서 찾기가 쉽지 않으니 '전생'을 급조하는 게 아닐까 생각합니다.

하지만 전생에 죄만 지었을까요? 죄도 지었을 테고 착한 일도 했을 터입니다. 그리고 '업'을 '죄'라는 부정적인 측면으로만 파악하는 것도 잘못되었습니다. 왜냐하면 경전에서는 분명하게 착한

업(선업)과 착하지 않은 업(불선업, 악업)이라는 두 가지 업을 말하고 있기 때문입니다.

업을 짓지 않는 중생은 없습니다.

업이라는 말 속에는 '생각'도 포함되므로, 업을 짓지 않는다면 생각도 하지 않는다는 뜻이 될 것입니다. 중생이 그럴 수는 없습니다. 누구나 업을 짓습니다. 그래서 붓다는 이렇게 말씀하십니다.

"악업을 짓지 말고 선업을 지으십시오."

붓다의 경지 정도나 돼야 '업 짓지 않는' 차원을 논할 수 있을 테지만, 그 경지까지 가려면 부지런히 선업을 지어야 합니다. 즉 착한 일을 해야 합니다. 경전에서는 사회적으로 성공한 사람이든 뼈대 있는 가문의 사람이든, 혹은 빚만 지고 세상의 구석으로 밀려난 패배자이든 간에 선업을 지어야 한다고 말합니다. 당연히 수행자, 스님도 선업을 지어야 합니다. 선업은 낮은 차원이 아닙니다. 선업을 지어야 다음 단계로 나아갈 수 있으니, 선업이란 사람이 해야 할 가장 기본적인 도리라 할 수 있습니다. 선업을 지으면 즐거움을 맛보고 악업을 지으면 괴로움을 맛보며, 선업과 악업을 섞어 지으면 그야말로 쓴맛, 단맛 고루 맛보니, 사람이라면 누구나 똑같이 적용되는 '룰'(진리)이라는 것입니다.

바셋타여, 왕족과 바라문, 평민과 노예가 몸과 입과 뜻으로 절제를 하고, 깨달음에 도움을 주는 일곱 가지를 닦으면 현세에서 완전한 열반에 든다. 수행자도 몸과 입과 뜻으로 절제를 하고 깨달음에 도움을 주는 일곱 가지를 닦으면 현세에서 완전한 열반에 든다.

이 네 가지 계급 가운데 번뇌를 부수고 청정하게 살고 짐을 내려놓고 올바르게 깨달아 해탈한 거룩한 존재가 된 수행자가 있다면, 그가 그들 가운데 최상자라 불린다. 이것은 원칙에 의해서 그렇게 되는 것이다. 진리야말로 지금 세상에서나 다음 세상에서 사람들 가운데 으뜸이기 때문이다.

이와 같이 세존께서 말씀하시자 바셋타와 바라드와자가 크게 기뻐했다.

—『디가 니까야』제3품 27번「세계의 기원에 대한 경」

선업을 지으면 즐겁고 행복한 과보가 찾아옵니다. 모두가 행복하려고 열심히 애를 쓰며 살아가고 있지만, 선업과 그 뒤를 따르는 행복한 과보에는 늘 한계가 있기 마련입니다. 그리고 아무리 착하게 법 없이 사는 사람이라 할지라도 갑자기 찾아오는 '죽음에 대한 두려움'과 같은 근원적인 불안함까지 달랠 수는 없습니다.

바쁜 일상에서 문득 홀로 저녁을 맞이할 때, 세상이 나를 찾지 않을 때, 당연히 내 것이라 생각했던 것이 나를 배반했을 때, 예기치 않게 큰 병을 만났을 때, 사랑하는 사람이 세상을 떠났을 때, 그리고 열심히 살아오다 고즈넉한 황혼 길에서 자신을 돌아봤을 때도 마찬가지입니다.

지금까지는 붓다를 향해 건강하게 해달라, 행복하게 해달라, 출세하게 해달라, 마음 편안하게 해달라는 마음뿐이었다면 근원적인 두려움을 직면하면 이런 생각으로 붓다를 대합니다.

"가치 있는 삶이란 어떤 것인가요?"

"정말 슬픔이 없는 삶을 살아갈 수 있는 걸까요?"

"붓다가 된다는 것은 대체 무엇인가요?"

이제부터 인생을 처음부터 다시 생각해보게 됩니다. 또한 진정한 수행은 이렇게 시작되는 법입니다.

수행하는 사람은 일곱 가지를 닦아야 합니다. 그 일곱 가지가 깨달음(보리)에 도움을 주는 법인데, 세세한 항목을 모두 더하면 서른일곱 가지나 됩니다. 그래서 37보리분법, 37조도법이라고 부르기도 합니다.

이 서른일곱 가지는 초기경전에 수도 없이 나옵니다. 그만큼 중요하다는 뜻입니다. 하나씩 살펴보면,

첫째, 제일 처음에 나오는 사념처는 주의 깊게 네 가지를 살피고 자각하는 수행입니다. 네 가지란 몸, 느낌, 마음, 대상 혹은 붓다의 가르침입니다.

둘째, 이어서 자신의 마음속을 잘 살펴봐서 선한 것을 찾아내 키우고 그렇지 못한 것을 찾아서 도려내야 합니다. 네 가지의 노력(사정근)이라 불리는데, 자신의 마음속에서 그릇된 것이 있으면 서둘

러 버리기, 장차 그릇된 생각이 생겨날지도 모르니 미연에 방지하기, 자신의 마음속에서 착하고 긍정적인 것을 찾아서 키우기, 이미 착하고 긍정적인 것이 마음에 자리했다면 더욱 크게 키우기입니다.

셋째, 이렇게 사념처와 사정근을 수행하면 조금 더 본격적으로 집중력을 키울 수 있게 됩니다. 집중력이라고 말했지만 경전에서는 신통(神通)이라 표현합니다. 선정의 다른 표현이기도 하는데, 선정을 얻기 위해서는 네 가지를 길러야 합니다. 사여의족이라고 하며, 욕구, 노력, 마음, 통찰이 그것입니다. 즉 선정을 얻고자 의욕을 일으키고 노력하며, 마음을 쏟고, 자신의 경지를 지혜롭게 살피는 것입니다.

넷째, 나아가 다섯 가지 능력을 발휘하게 됩니다. 오근이라고도 하며, 믿음, 정진, 주의 집중, 선정, 지혜의 다섯 가지입니다. '능력'이라고 했지만 한문으로는 근(根)이라고 번역합니다. 이 말은 눈, 귀, 코, 혀, 몸, 의지의 여섯 가지 감각기관(육근)을 가리킬 때의 '근'와 똑같은 말입니다. 그래서 열심히 수행해서 단순한 눈, 귀, 코와 같은 감각기관이 아니라 이와 같은 다섯 가지 새로운 근(감각기관, 능력)이 생겨나게 해야 한다는 설명도 있습니다.

다섯째, 이 다섯 가지 능력이 좀더 개발되어서 다섯 가지 힘(오력)이 됩니다. 내용은 앞의 항목과 똑같습니다.

여섯째, 이후에는 깨달음을 얻는 일곱 가지 요소(칠각지)를 갖추고 진리를 깊이 사색해야 하는데, 그 요소는 다음과 같습니다. 주의 깊은 집중, 올바른 법의 선택, 노력정진, 마음의 기쁨, 몸의 가뿐함, 삼매, 담담한 마음의 경지입니다.

일곱째, 이런 힘들이 충분히 무르익으면 이제 여덟 가지 바른 길을 걸어가야 합니다. 길을 걷는다는 것은 '도'를 닦는다는 말입니다. 도 닦는 일은 세속을 떠나서만 할 수 있는 일이 아니라 사람들이 바글대는 세속에서 해야 한다는 것을 팔정도를 통해 깨닫게 됩니다. 왜냐하면 다음 여덟 가지 항목은 사람들 속에서 실천하고 닦아야 하기 때문입니다.

올바른 견해, 올바른 생각, 올바른 말, 올바른 행위, 올바른 생활, 올바른 노력, 올바른 주의집중(올바른 기억), 올바른 선정, 이 여덟 가지를 일상에서 늘 기억하고 실천하는 것이 바로 도 닦는 일입니다.


그 사람이 누구든, 즉 사제 계급의 바라문이든, 왕이나 귀족이든, 평범한 사람이든, 남에게 종속되어 있는 사람이든 아니면 집을 떠나 수행의 길을 걸어가는 수행자이든 간에 이 서른일곱 가지를 열심히 실천하면 그 사람은 세상에서, 아니 세상을 훌쩍 뛰어넘는 가장 깨끗한 행복을 얻는다는 것이 붓다의 메시지입니다.

가장 깨끗한 행복, 무너지지 않고 변하지 않고 언제나 평온함을 안겨주는 행복.

이것은 바로 열반의 경지입니다.

열반은 사람이 죽는 것을 말하는 것이 아닙니다. 모두가 추구해 마지않는 가장 맑고 깨끗하고 온전하고 완전하고 행복의 경지를 가리킵니다. 번뇌의 불길이 꺼져 깜부기불마저 사그라진 상태. 그래서 맑고 고요하고 서늘하고 안온한 경지, 그것이 열반입니다.

어떤 상황에 처해 있건 늘 마음속에 이 열반을 품고 열반을 이루려고 모색하고 쉬지 않고 노력한다면 그 사람이 바로 인간 세상에서 가장 귀한 존재일 것이요, 그렇게 해서 열반을 얻은 사람은 세상에서 존경받고 귀히 여겨지게 된다는 것입니다.

지금까지 어떤 인생을 살아왔고 지금 어떤 인생을 살아가고 있나요?

붓다가 인정하는 가장 훌륭한 인물은 마음속에 이와 같은 열반을 품고 몸으로 실천하며 그리하여 마침내 그 열반의 경지에서 행복하게 사는 사람입니다.

붓다께 이와 같은 법문을 요청한 바라문 계급의 두 청년이 크게 기뻐한 것도 이해할 수 있습니다. 출생이라는 가면을 벗고 반듯하게 삶을 살아갈 자신감을 얻게 되었으니 말입니다.

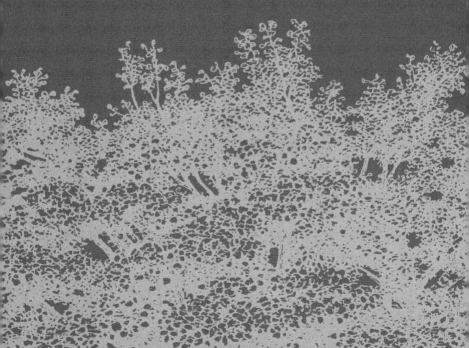

붓다로 가는 길

"수행자들이여, 위대한 사람들에게만 나타나는 서른두 가지 특징이 있다. 이 특징이 나타나는 사람에게는 두 가지 미래가 기다리고 있다. 첫째는 그가 재가자로 산다면 왕 중의 왕인 전륜성왕이 되어 온 세상을 다스릴 것이다. 전 륜성왕이란 법으로 통치하는 정의로운 왕으로서 온 세상의 주인이며 승리자이고, 나라에 평화를 가져오는 왕인데 그에게는 수레바퀴, 코끼리, 말, 구슬, 여자, 장자, 대신이라는 일곱 가지 보물이 저절로 따라온다. 그리고 매우 용맹스러운 자녀가 천 명 이상 태어나며, 무기를 쓰지 않고도 온 세상을 다스리며, 정법으로 온 세상을 다스린다.

둘째는 만약 서른두 가지 특징을 지닌 그가 집에서 집 없는 곳으로 출가한다면 그는 이 세상의 모든 번뇌를 없애 버린 깨달은 자가 된다.

이 두 가지 말고 다른 미래는 없다."

—『디가 니까야』 제3품 30번 「위대한 사람의 특징에 대한 경」 중에서

## 지금은 석가모니 부처님 시대

불교에서는 "성불하세요!"라는 인사말을 자주 합니다. 처음에는 어색해서 쭈빗거리다가도 어느새 자연스럽게 주고받게 되는 인사말입니다.

성불하라는 말은 부처님 되시라는 축원입니다. 부처님 되시라는 게 인사말이 될 정도로, 불교 신자의 목표는 성불에 있습니다. 물론 요즘에는 이 말도 진화하고 있는 것처럼 보입니다.

"수행 잘하고 신앙생활 잘해서 이다음에 붓다가 되십시오"에서 "지금 당장 붓다처럼 사십시오"를 거쳐, 한 걸음 더 나아가 "지금 당신이 붓다입니다"까지 말입니다.

심지어 "붓다가 되겠다는 생각마저도 훌훌 털어버리라"는 말도 자주 듣는데, 초심불자로서는 난감하기 짝이 없습니다. 도대체 뭐가 맞는 말인지 모르겠으니 말입니다.

딱 맞는 말이 어디 있겠습니까? 그저 말하는 사람의 경향에 따라 자유롭게 하는 말인 만큼, 듣는 사람도 자기 마음에 딱 맞는 인사말을 고르면 될 거라 생각합니다.

그런데 인사는 남들 하는 대로 어찌어찌 따라 한다 해도 다시 난감한 문제에 부딪히게 됩니다. 인사는 "성불하라" 혹은 "지금 당신이 붓다이다"라고들 하면서, 정작 '붓다'가 무엇인지에 대해서는 속 시원하게 정의를 내리지 못하니 말입니다.

지혜로운 사람? 자비로운 사람? 비난과 사기를 당해도 그저 푸근하게 웃는 성격 좋은 사람? 평생 화 한번 내지 않는 인자한 사람? 혹은 무문관(無門關)의 그 치열한 정진으로도 얻기 힘든 경지를 얻은 대단한 사람? 또는 내가 원하는 것을 다 들어주고 이뤄주는 사람?

이 모든 것이 붓다를 정의하는 데에 있어서 틀린 말은 아닙니다. 다만 붓다의 어느 면을 부각하느냐에 따라 다양하게 정의내릴 수 있는 거겠지요.

게다가 석가모니 부처님, 아미타 부처님, 미륵 부처님은 물론, 약사여래, 비로자나불, 그리고 법신불, 화신불 등등…… 붓다는 왜 그리도 많은지 헷갈린다는 사람도 많습니다.

깔끔하게 정리해보면, 붓다 중에서도 가장 기본이 되시는 분은 석가모니 부처님입니다. 이분이 2,600여 년 전에 태어나 붓다가 되어, 평생 세상을 떠돌며 사람들에게 좋은 법문을 들려준 덕분에 불교가 지구상에 퍼지게 되었습니다. 사족입니다만, 붓다가 탄생하신 곳을 찾아가려면 인도가 아닌 네팔에 가야 합니다. 붓다가 탄생하신 룸비니는 과거에는 인도 땅이었지만, 현재는 네팔 땅이기 때문입니다. 그런 까닭에 네팔 사람들은 '붓다는 인도 사람이 아니라 네팔 사람'이라며 자긍심이 대단합니다. 또 세상 사람들에게도 그렇게 각인시켜야 한다고 주장하기도 합니다. 하지만 아주 오래 전 국경선이 또렷하게 그어지지 않았던 시절의 일이라 어떻게 봐야 할지 난감한 것이 사실입니다.

석가모니 부처님이 살아 계실 때에는 약사여래나 아미타불, 비로자나불로 불리는 분들은 아직 등장하지 않습니다. 다만 석가모니 부처님 이전에도 깨달은 분이 존재했다는 생각 아래, 초기경전에도 과거불이 자주 등장합니다.

지금은 석가모니 부처님 시대입니다. 비록 그분의 육신은 떠났지만 그분의 가르침은 아직 유효한 시절이라는 뜻입니다. 아주 오랜 세월이 흐른 뒤에 또 다른 분이 부처가 되어 사람들에게 법을 펼칠 텐데, 아시다시피 그분이 바로 미륵불입니다. 초기경전에 따르면 아직은 미륵불을 부를 때가 아니요, 지금은 석가모니 부처님의 유언을 잘 받들어 '나를 등불로 삼고, 나를 의지처로 삼으며, 진리(가르침)를 등불로 삼고, 진리를 의지처로 삼아 각자 게으름 피지 말고 열심히 살고 수행해야' 할 때입니다.

## 32상 80종호

다시 처음으로 돌아가야겠습니다. 바로 "붓다는 누구신가?"라
는 질문으로 말입니다. 이 질문에는 세 가지 측면에서 대답할 수
있습니다. 첫째는 이름, 둘째는 성품, 셋째는 생김새입니다.

우선, 이름으로 붓다를 판별할 수 있습니다. 붓다에게는 늘 열
가지의 이름이 따라붙습니다. 붓다의 또 다른 이름인 여래, 그 여래
의 열 가지 호칭이라는 뜻의 여래십호(如來十號)가 그것입니다. 여
래, 응공, 정변지, 명행족, 선서, 세간해, 무상사, 조어장부, 천인사,
불세존입니다.

다음으로는 성품으로 붓다를 판별할 수 있습니다. 성품이라는
단어로 딱 잘라 말하기에는 좀 애매한 면이 없지 않은데요. 내적인
힘이라는 말이 좀더 나을까요? 경전에서는 내적으로 특정한 능력
을 갖추면 그 사람이 붓다인지 아닌지 알 수 있다고 말합니다. 붓
다가 지닌 내적인 힘은 초기경전에서 '18불공법'이라는 이름으로
등장합니다. 불공법(不共法)이란 공통하지 않는 법, 보통 사람들은
갖고 있지 않는, 붓다만 지니고 있는 덕성이라는 뜻입니다.

마지막으로 생김새로 붓다를 판별하는 법이 있습니다. 32상 80
종호, 즉 서른두 가지 상과 여든 가지 종호를 갖추고 있으면 그 사
람이 붓다인 줄 안다는 것입니다. 32상에서 상(相)은 산스끄리뜨로
락샤나(lakṣaṇa), 즉 '두드러진 특징'이라는 뜻이고, 80종호에서 종

호(種好)는 산스끄리뜨로 아누뱐자나(anuvyañjana), 즉 '소소한 특징'을 뜻합니다.

사실 어느 절이든 불상들은 대체로 생김새가 비슷합니다. 그중에서도 어쩐지 잘생겼다는 느낌이 드는 불상이 있는 반면, 영 친근감을 느끼지 못하는 불상도 있습니다. 그렇다고 불상을 가리켜 "우와, 저 부처님 잘생겼네!"라고 말하는 건 삼가시는 것이 좋습니다. "잘생겼다"라는 말 대신 "상호가 원만하다"라고 말하는 것이 맞습니다. 상호란 앞서 언급한 32'상'과 80종'호'를 줄여서 한 말이고, '원만(圓滿)하다'는 말은 완벽하게 다 갖추었다는 뜻입니다. 더 넣을 것도 뺄 것도 없이 위대한 인물이 갖추어야 할 서른두 가지 신체적 특징을 완전히 다 갖추었다는 말이 바로 "상호가 원만하다"라는 말입니다.

그런데 32상의 내용을 하나하나 새겨 보면 영 모양새가 이상해집니다. 가령 손가락 사이에 그물막이 있거나 팔은 길어서 무릎까지 내려가고, 혀 역시 양쪽 귀에 닿을 정도로 길고, 치아는 보통 사람보다 많은 마흔 개나 됩니다.

강의 시간에 32상 가운데 몇 가지만 집어서 들려주면 웃음이 터져 나오기 일쑤입니다. 게다가 우리가 보통 평발이라고 말하는 것처럼 붓다의 발바닥은 안쪽 아치가 없습니다. 그래서 발자국만 봐도 역시 보통 사람이 아니라는 것을 알아차린다고 합니다.

32상을 설명하다 보면 사람들 사이에서 이런 우스갯소리도 조심스레 들려옵니다.

"외계인인가?"

"사람이라 할 수가 없다."

불경죄를 짓는 것 같아 차마 큰소리로 말하지는 못하지만, 32상 80종호에 대한 많은 사람들의 소감이 이렇습니다. 이렇게 32상의 항목만 조르륵 나열하면 그저 기이하고 웃길 뿐이며, 비현실적이라고 외면당하기 쉽습니다.

그런데 초기경전에는 32상에 대해서 자세히 설명하고 있는 경이 있습니다. 이 경에 따르면 기이하게까지 보이는 특징들은 사실 어떤 덕을 상징하고 있다고 합니다. 붓다라는 존재가 전생에 어떤 선업을 지은 결과 가지게 된 행복한 과보가 신체적인 특징으로 나타난 것이라는 겁니다.

이제 그 경전을 직접 읽어보기로 하겠습니다. 『디가 니까야』 제3품 30번 「위대한 사람의 특징에 대한 경」입니다.


## 위대한 사람의 두 가지 미래

이와 같이 나는 들었다. 세존께서 사밧티 제타 숲 아나타삔디까 승원에 계실 때의 일이다.

"수행자들이여!"

"예, 세존이시여!"

"수행자들이여, 위대한 사람들에게만 나타나는 서른두 가지 특징이 있다. 이 특징이 나타나는 사람에게는 두 가지 미래가 기다리고 있다. 첫째는 그가 재가자로 산다면 왕 중의 왕인 전륜성왕이 되어 온 세상을 다스릴 것이다. 전륜성왕이란 법으로 통치하는 정의로운 왕으로서 온 세상의 주인이며 승리자이고, 나라에 평화를 가져오는 왕인데 그에게는 수레바퀴, 코끼리, 말, 구슬, 여자, 장자, 대신이라는 일곱 가지 보물이 저절로 따라온다. 그리고 매우 용맹스러운 자녀가 천 명 이상 태어나며, 무기를 쓰지 않고도 온 세상을 다스리며, 정법으로 온 세상을 다스린다.

둘째는 만약 서른두 가지 특징을 지닌 그가 집에서 집 없는 곳으로 출가한다면 그는 이 세상의 모든 번뇌를 없애버린 깨달은 자가 된다. 이 두 가지 말고 다른 미래는 없다."

— 『디가 니까야』 제3품 30번 「위대한 사람의 특징에 대한 경」

32상은 불교에서만 주장하는 이상적인 모습은 아닙니다. 고대 인도에서도 위대한 인물에게는 서른두 가지 외형적인 특징이 나타나기 마련이라고 여겨왔는데, 불교 또한 그 생각을 받아들이고 있습니다.

무엇보다 서른두 가지 외형적 특징이 붓다에게만 나타나는 것이 아니라, 세속에 살고 있는 왕에게도 나타난다는 점이 재미있습니다. 꼭 수행을 하지 않더라도 궁궐에 살면서 최고 권력을 누리며, 사람이라면 누구나 부러워하는 쾌락의 정점에 놓인 왕에게도 붓다와 똑같은 서른두 가지 외형적 특징이 나타난다는 것입니다.

여기에는 그냥 지나칠 수 없는 어떤 복선이 깔려 있습니다. 첫째 붓다와 전륜성왕은 꼭 대척점을 이루며 등장한다는 점이고, 둘째 왜 보통의 군주가 아니라 왕 중의 왕인 전륜성왕인가 하는 점입니다.

먼저, 붓다와 전륜성왕이 대척점을 이루며 나타나는 경우입니다.

아기 싯달타가 태어났을 때, 그 작은 몸을 살피던 아시따 선인(仙人)이 이렇게 말했다고 합니다.

"이 아기는 서른두 가지 신체적 특징을 갖추고 있으니 장차 훌륭한 사람이 될 것입니다. 그런데 이 아기에게는 두 갈래 길이 놓여 있으니, 어른이 되어 왕위를 물려받으면 온 대륙을 정복하는 전륜성왕이 될 것이요, 성을 나가 출가하면 진리의 왕 붓다가 될 것입니다."

여기서 붓다와 전륜성왕은 극적으로 대비됩니다. 뭔가 엄청나게 다른 점이 둘 사이에 있습니다. 전륜성왕은 세속에서 누릴 수 있는 온갖 행복을 다 누리는 상징적 존재입니다. 반면, 붓다는 그런 최고의 행복을 헌신짝처럼 버리고, 또는 포기하고 세속을 떠난 존재입니다. 그렇다면 세속의 행복을 저버린 붓다의 삶은 과연 불행할까요? 적어도 행복의 규모에 관한 한 두 사람에게 차이는 없으며, 행복의 결 또한 엄청나게 다릅니다. 변하고 깨지기 마련인 세속의 행복(전륜성왕)과 변하지 않고 깨지지 않는 진리의 행복(붓다)의 차이라고 할 수 있습니다.

그런데 석가모니 부처님이 세상을 떠나실 즈음, 장례식을 걱정하는 제자 아난다에게 석가모니 부처님이 말하는 대목을 보면 또 다릅니다.

"아난다여, 어찌하여 출가한 그대들이 내 장례를 걱정하는가? 재가자들이 나를 전륜성왕의 예법에 따라 장례를 치를 것이다."

이와 같이 보면, 어떤 의미에서는 붓다 역시 또 한 사람의 전륜성왕이라고도 볼 수 있습니다. 왜냐하면 위대한 인물이 갖추었다는 서른두 가지 신체적 특징을 똑같이 몸에 지녔으며, 두 사람은 극명하게 다른 길을 걸어가고 있지만 세속 사람들은 두 사람을 똑같이 존중하기 때문입니다.

둘째, 왜 보통 왕이 아니고 반드시 왕 중의 왕인 전륜성왕을 거론하는 것일까라는 점입니다.

독일의 인도학자 하인리히 짐머(Heinrich Zimmer)에 따르면 전륜성왕은 기원전 3,000~4,000년대까지 거슬러 올라갈 정도로 오랜 역사를 갖고 있는 이상형입니다. 전륜성왕이란 수레바퀴[輪]를 굴리는[轉] 성스러운[聖] 왕[王]으로, 원어는 차끄라바르띤(cakravartin)입니다. 차끄라(cakra)는 수레바퀴라는 뜻입니다. 요가의 세계에서 차끄라는 사람의 등뼈와 관련해서 매우 의미 있는 개념으로 쓰이기도 합니다.

전륜성왕이 다스리는 시절에는 인간의 수명도 1만 년은 너끈하다고 합니다. 이런 시절이 실제로 올까요? 지금의 우리로서는 그저 꿈속의 일일 뿐입니다. 사람들이 꿈꾸는 이상 세계, 그 시절에 대륙을 다스리던 왕인 만큼 그를 설명하는 내용들은 다분히 비현실적입니다. 무엇보다 그에게는 일곱 가지 보물이 늘 따라다닙니다. 수레바퀴, 코끼리, 말, 구슬, 여자(왕비), 장자(재력가), 대신입니다. 『중아함경』에서는 일곱 가지 보물을 윤보(輪寶), 상보(象寶), 마보(馬寶), 주보(珠寶), 여보(女寶), 거사보(居士寶) 또는 장자보(長者寶), 주병신보(主兵臣寶) 또는 주장신보(主藏臣寶)라고 소개합니다.

보통 왕은 최고의 권력을 누리기는 하지만 일반인이 겪지 않아도 될 어마어마한 스트레스를 평생 안고 삽니다. 그래서 구중궁궐에 갇혀 지내느니 차라리 거지로 사는 게 더 낫다고 말하는 사람들도 있습니다. 그런데 전륜성왕에게는 그런 억압도 괴로움도 없습니다. 오직 만사형통만 있습니다. 무엇 하나 부족한 게 없습니다.

전륜성왕은 왕 중의 왕인지라 최고의 권력을 가집니다. 게다가 이 왕이 세상을 정복할 때면 피 한 방울 흘리지 않고, 정복당한 군주들은 앞다퉈 궁궐 문을 열어 맞아들이며 자진해서 제 나라를 바칩니다. 무혈입성입니다. 물론 전륜성왕은 욕심을 부리지 않습니다. 잔인무도한 군주들에게 '본때'를 보여준 뒤 점령한 나라를 되돌려줍니다. 여기서 말하는 '본때'란 "앞으로 이 나라를 제대로 다스리겠다고 약속하시오. 계를 잘 지키고 백성을 사랑해야 하오"라고 일깨워주는 것입니다. 한마디로 말하면 세속의 군주들에게 오계를 주어서 인간답게 살도록 계몽하는 자가 전륜성왕이라는 말입니다.

세계 최강대국의 최고 권력자이자 개인적으로는 부귀영화와 무병장수를 누리고, 제 나라 사람들을 세상에서 가장 안락하게 살게 해주며, 심지어는 제 나라 밖의 불평과 갈등까지 훌륭하게 다스리는 사람. 이처럼 경전에 등장하는 전륜성왕은 바로 세속의 사람들이 평생 추구하는 모든 소망을 완벽하게 갖춘 이상형의 존재입니다. 생각해보면, 세상을 살면서 이보다 더 큰 영광이 어디 있을까 싶습니다.

이왕 세속에 산다면 최고의 행복을 누리는 왕(전륜성왕)만큼 행복해지거나, 세속을 떠났다면 최고의 행복을 누리는 진리의 왕(붓다)만큼 행복해져야 하지 않을까요?

경전에서 전륜성왕을 붓다에 자주 대비시키는 이유도 여기에 있다고 봅니다.

사실 불교에서 가장 위대한 존재는 당연히 붓다 한 분입니다. 하지만 붓다는 세속 사람들이 추구하는 행복에 등을 돌리신 분입니다. 행복을 포기하신 분입니다. 하지만 우리 세속 사람들은 정작 붓다께서 포기한 그 세속의 것들을 구하고 바라는 마음뿐입니다. 건강하고 싶고, 유명해지고 싶고, 부유해지고 싶고, 명예로워지고 싶고, 오래 살고 싶고, 인정받고 싶고, 고난을 피하고픈 마음뿐입니다.

전륜성왕은 바로 이와 같은 세속 사람들의 바람을 다 갖춘 존재입니다. 서른두 가지 특징을 갖추면 붓다가 되는 미래만 있는 것이 아니라, 전륜성왕이 되는 미래도 있다는 경전의 말은, 붓다는 세속적 욕망이 무가치하고 불완전하다는 것을 알고 헌신짝처럼 버리고 떠났지만, 사람의 마음을 채우고 있는 그런 바람들을 부정하지는 않았다는 점을 말하려는 것은 아닐까요?

"그런 행복들은 추구하지 마시오."

붓다는 사람들에게 이런 말씀을 하지 않았습니다. 이런 세속적 욕망은 보통 사람의 본능이기 때문입니다. '그런 것은 추구하지 말라'고 말씀한다 해서 우리가 욕망을 멈출 것도 아닙니다.

붓다는 이처럼 사람이 욕구와 욕망을 품고 이루려고 애쓰는 현실을 그대로 수긍하고 인정하고 있습니다. 전륜성왕처럼 되는 것을 나쁘다고 하지는 않는다는 말입니다. 다만, 항상 두 가지를 기억해야 하는데, 첫째 세속의 행복을 추구하려면 착한 일(선업)을 해야하고, 둘째 세속의 행복에는 언제나 위험과 재앙이 도사리고 있다는 점입니다.

# 위대한 사람의 서른두 가지 특징

이로써 진리 세계의 왕 붓다와 세속의 왕 전륜성왕이 32상을 지닌 사람으로 나란히 등장하는 이유를 알게 되었습니다. 32상은 바로 세상에서 가장 행복한 사람 둘을 상정하고 있는 장치인 것이지요. 붓다와 전륜성왕에게 나타나는 서른두 가지 외형적 특징을 살펴보면 다음과 같습니다.

수행자들이여, 위대한 사람의 서른두 가지 특징이란 무엇인가?

1) 땅에 안착하는 발을 갖고 있다.

2) 발바닥에 천 개의 바퀴살과 바퀴 테와 축이 달린 완벽한 수레바퀴 무늬를 갖고 있다.

3) 발뒤꿈치가 넓고 원만하다.

4) 손가락과 발가락이 길다.

5) 손과 발이 부드럽고 유연하다.

6) 손가락과 발가락 사이에 얇은 막이 있다.

7) 복사뼈가 돌출된 발을 갖고 있다.

8) 장딴지가 사슴과 같다.

9) 반듯하게 서서 두 팔을 내리면 무릎에 와 닿는다.

10) 몸속에 감추어진 성기를 갖고 있다.

11) 피부가 황금색이다.

12) 피부 결이 섬세하고 때가 끼지 않는다.

13) 몸의 털구멍 하나에 털이 하나씩 고르게 자라나 있다.

14) 몸의 털이 위쪽으로 향해 있으며 털 색깔은 감청색이고, 오른쪽으로 감겨 있다.

15) 범천처럼 단정한 몸매다.

16) 몸의 일곱 군데가 불룩 솟아 있다.

17) 상반신이 사자 같다.

18) 양 어깨 사이에 움푹 팬 곳이 없다.

19) 니그로다 나무처럼 균형 잡힌 몸을 갖고 있는데, 두 팔을 활짝 뻗은 길이가 몸 전체 길이와 같다.

20) 골고루 원만한 상반신을 갖고 있다.

21) 세상에서 가장 훌륭한 미각을 지니고 있다.

22) 턱이 사자와 같다.

23) 마흔 개의 치아를 갖고 있다.

24) 치아가 가지런하고 평평하다.

25) 치아 틈이 벌어져 있지 않다.

26) 치아가 희고 빛난다.

27) 혀가 넓고 길다.

28) 그 목소리가 가릉빈가 새처럼 맑고 청아하다.

29) 깊고 푸른 눈을 갖고 있다.

30) 속눈썹이 황소의 그것과 같다.

31) 미간에 희고 부드러운 솜털이 있다.

32) 머리 위에 육계가 있다.

— 『디가 니까야』 제3품 30번 「위대한 사람의 특징에 대한 경」

경전은 서른두 가지 외형적 특징을 나열한 뒤에, 이런 특징이 어떤 사연을 통해 몸에 생겨나게 되었는지를 설명합니다. 이 부분에는 몇 차례 시간과 공간의 이동이 있습니다.

첫째 과거 전생에 인간으로 살아갈 때 지은 선업, 둘째 선업을 짓고 죽은 뒤 하늘나라에 태어나서 누린 즐거운 과보, 셋째 하늘나라에서 죽은 뒤 인간으로 태어났을 때 누리는 즐거운 과보 이렇게 세 가지로 나뉩니다.

과거 전생에 인간으로 살아갈 때 지은 선업의 결과로, 죽은 뒤에 하늘나라에 태어나서 수명, 용모, 행복, 명성, 권세, 형상, 소리, 향기, 맛, 감촉이라는 열 가지 측면에서 여느 신들보다 더 뛰어난 과보를 누리며, 다시 그곳에서 죽어 인간으로 태어나서도 즐거운 과보는 계속 이어진다는 것입니다. 단, 셋째의 경우, 그 사람은 전륜성왕이 되거나 붓다가 되어 살아갈 것이요, 그 몸에는 서른두 가지 특징이 또렷하게 나타나고, 각 특징은 전부 첫째 항목에서 지은 선업의 결과요 공덕이라는 것입니다.

이제 어떤 선업이 서른두 가지 신체적 특징으로 나타나며, 그 특징은 무엇을 상징하는지 경을 읽어가며 확인하겠습니다.

# 붓다의 발바닥에 숨은 뜻

수행자들이여, 여래는 전생에 어느 곳에 태어나더라도 착한 일들, 즉 몸과 입과 뜻으로 선업을 짓고, 보시하고, 계를 지키고, 포살일을 지키고, 어머니를 공경하고 아버지를 공경하고 수행자를 공경하고 성직자를 공경하고 가문의 연장자를 공경하였으며, 그 밖의 다른 고귀한 선업을 차분하고 확고하게 실천했다. 그는 그와 같은 선업을 지었기 때문에 죽은 뒤에는 좋은 곳, 천상의 세계에 태어났다. 천상의 세계에 태어나서도 그는 지난 생에 선업을 지은 과보로 보통의 천신들보다 더 훌륭한 열 가지를 누렸으니, 그 열 가지란, 수명, 용모, 행복, 명성, 권세, 형상, 소리, 향기, 맛, 감촉이다. 천상에 태어난 그는 보통의 천신들보다 더 뛰어난 열 가지를 누렸다. 그 후 천상에서 죽어서 이곳 인간 세상에 태어나서는 그 선업의 과보로서 위대한 사람의 특징 가운데 한 가지를 갖게 되었으니, 바로 발바닥이 온전하게 바닥에 안착되는 신체적 특징이다.

그는 온전하게 바닥에 안착되는 발바닥으로 땅을 고르게 디뎠고 반듯하게 들어 올렸고 발바닥의 모든 부분으로 온전하게 땅을 밟았다. 이러한 특징을 가진 사람으로서 재가에 산다면 그는 전륜왕이 되어 대륙을 다스릴 것이다. 전륜왕이 되어서는 제아무리 호전적인 적이라 해도 그에게 정복당하는 일이 없다. 그런데 만일 이러한 특징을 가진 사람으로서 출가하면 그는 붓다가 될 것이다. 붓다가 되어서는

내적인 적과 외적인 적들에게 굴복당하지 않으리니 내적인 적은 탐
욕과 성냄과 어리석음이요, 외적인 적은 그 어떤 사문·바라문이나
천상의 신들, 세상 그 모든 존재들이다. 이런 내외적인 모든 적에게
절대로 굴복되지 않을 것이다.

—『디가 니까야』 제3품 30번「위대한 사람의 특징에 대한 경」

경전에는 세상을 살면서 공경해야 할 다섯 사람이 등장합니다.
바로 어머니, 아버지, 수행자, 성직자, 가문의 연장자가 그들입니
다. 불교의 고향이 인도라서 그런지는 몰라도, 불교에서는 수행자
와 성직자, 즉 사문과 바라문에 대한 공경심을 늘 강조합니다. 또한
경전에서는 세속의 행복을 포기하고 진리를 찾아 일생을 바치는
사람을 공경하면 복이 찾아온다고 말하며, 그들에게 꼭 필요한 생
필품을 기쁜 마음으로 제공하는 것도 재가자의 의무라고 여러 차
례 반복합니다.

또한 경전에서는 이런 선업을 쉬지 않고 계속, 많이 하면 행복을
맞게 되는데, 그것이 바로 다음 생에 천상에 태어나는 것이라고 말
합니다. 더욱이 천상에서도 보통의 신들보다 더 즐겁게 살 수 있는
데, 이 부분에서 수명, 용모, 행복, 명성, 권세, 형상, 소리, 향기, 맛,
감촉 등 열 가지의 뛰어남이 등장합니다.

우리가 추구하는 행복은 보통 이 열 가지 속에 담겨 있습니다.
오래 살고 싶고, 이왕이면 남들에게 호감을 주는 용모를 갖추고 싶

고, 행복해지고 싶고, 유명해지고 싶고, 남의 부림을 받기보다는 남을 부릴 수 있는 힘을 가지고 싶은 것이 보통 사람의 바람입니다. '형상, 소리, 향기, 맛, 감촉'은 우리가 추구하는 대상을 다섯 가지 측면에서 풀어서 말한 것입니다. 누구를 만나고, 무엇을 입고, 무엇을 먹고, 어떤 것을 누리더라도 이왕이면 형상이나 소리, 향기, 맛 또는 감촉이 우리 마음에 꼭 들었으면 하고 바라는 것입니다. 그러니 이 다섯 가지는 바로 욕망의 대상이라고 할 수 있습니다.

천상의 신이란 이런 욕망이 한껏 충족된 경지에서 사는 존재입니다. 경전에서는 전생에 선업을 짓고, 보시하고, 계를 잘 지키고, 나아가 어머니를 비롯한 다섯 종류의 사람을 공경하면 천상에 태어나는 것은 물론, 여느 신들보다 더 행복하게 지낼 수 있다고 말합니다.

육념(六念)이라는 불교 용어가 있습니다. 앞서 불법승 삼보에 대한 믿음을 굳게 세우고, 계를 잘 지키고, 보시하면 행복해질 수 있다고 했습니다. 여기서 말하는 행복은 천상에 태어난다는 뜻이니, 행복해지고 싶으면 불·법·승·계·보시·생천(生天)을 잊지 말라는 것이 바로 육념이라는 교리의 내용입니다.


자, 이제 천상에서도 여느 신보다 더 잘 지내게 됐지만, 천상 역시 수명에 제한은 있습니다. 영원할 수는 없는 것이지요. 언젠가는 그곳에서 죽어서 또 다른 공간에서 또 다른 생명체로 삶을 시작할 수밖에 없는데, 이 사람은 죽은 뒤에 인간 세상에 태어난다고 합니다. 이렇게 사람으로 태어난 자의 발바닥은 여느 사람처럼 발바닥에 아치가 있거나 울퉁불퉁하지 않고 판판하고 평평하며 완만하고 원만한 모양을 갖춘다는 겁니다. 붓다를 사위로 삼고 싶다며 그 자취를 좇다가 발자국이 반듯하고 원만하며 흔들림이 없는 모습을 보고 함부로 사위 삼을 존재가 아닌 줄 깨달았다는 어느 부부 이야기도 있습니다.

"그런 발바닥이라면 걷기에 불편할 텐데……."

이런 걱정은 세속에 사는 우리 같은 범부나 하는 것이요, 이 발바닥을 지닌 사람은 세상을 정복하게 되니, 그를 방해하는 자는 아무도 없다고 경전에서는 말합니다.

세상을 정복한다는 것은 두 차원에서 말할 수 있습니다. 욕망이 드글드글 끓어대는 이 세속이라는 세상이 있고, 욕망을 벗어난 수행과 이로써 맞게 되는 진리라는 세상이 있습니다. 여러분은 어느 세상을 택하겠습니까? 무엇을 선택하든 개인의 마음이겠지만, 다만 전생에 저토록 선업을 지은 사람이라면 어느 세상을 택하더라도 그 누구에게도 정복당하지 않는다는 것을 경전에서는 말하고 있습니다.

만약 누군가에게 무릎 꿇는 것이 죽기보다 더 싫다면, 이번 생에 선업 짓고, 보시하고, 계를 잘 지키고, 부모님을 비롯해서 사람들을 존경하라는 지침으로 보아도 좋습니다.

수행자들이여, 여래는 전생에 어느 곳에 태어나더라도 많은 사람을 행복하게 해주었다. 공포와 전율의 두려움을 몰아내고, 정의롭게 보호하고 피난처를 제공하고, 여러 보시를 행하였다. 그는 그와 같은 고귀한 선업을 차분하고 확고하게 실천했기 때문에 죽은 뒤에는 좋은 곳, 천상의 세계에 태어났다. 그 후 천상에서 죽어서 이곳 인간 세상에 태어나서는 그 선업의 과보로서 위대한 사람의 특징 가운데 한 가지를 갖게 되었으니, 바로 발바닥에 천 개의 바퀴살과 테와 축이 달린 형태가 완벽한 수레바퀴 모양을 갖고 있는 신체적 특징이다.

이러한 특징을 가진 사람으로서 만일 재가에 산다면 그는 전륜왕이 되어 대륙을 다스릴 것이다. 전륜왕이 되면 대권속을 얻는다. 바라문, 장자, 도시민, 지방민, 재무관, 장관, 근위병, 문지기, 대신, 신하, 왕공, 영주, 왕자들을 거느리게 된다. 그런데 만일 출가하면 그는 붓다가 되어서 대권속을 얻으니, 비구, 비구니, 우바새, 우바이, 신, 인간, 아수라, 용, 건달바들을 거느리게 된다.

— 『디가 니까야』 제3품 30번 「위대한 사람의 특징에 대한 경」


『숫타니파타』에서는 무소의 뿔처럼 혼자서 가라고 말합니다. 하지만 사람이라는 생명체는 혼자서는 살 수 없습니다. 아주 오랜 시절부터 혼자보다는 공동체를 이뤄야 생존할 수 있었고, 그런 정보가 DNA에 차곡차곡 쌓여 오늘에 이르렀기 때문에, 사람은 늘 어딘가에 소속되기를 바라고, 주변에 자신을 알아주는 사람들이 있기를 원하게 되었습니다. 권속을 거느린다는 말이 이것이겠지요.

만약 자신의 든든한 편이 되어줄 사람들을 많이 거느리고 싶다면, 평소 사람들을 행복하게 해주어야 한다고 이 경에서는 말합니다. 사람들을 두렵게 하는 것들을 몰아내주고, 의지할 곳을 마련해주면 그는 다음 생에 엄청난 권속을 거느릴 수 있으며, 그걸 증명하는 징표로서 발바닥에 수레바퀴 무늬가 나타난다는 것입니다.


## 단정하고 통통한 몸매에 숨은 뜻

수행자들이여, 여래는 전생에 어느 곳에 태어나더라도 살아 있는 생명을 죽이는 일을 삼가고, 무기를 내려놓았으며 친절하고 자비롭게 모든 생명체에게 이익과 연민[悲]을 베풀었다. 그는 죽은 뒤 천상의 세계에 태어나서 뛰어난 행복을 누렸다. 그 후 천상에서 죽어서 이곳 인간 세상에 태어나서는 그 선업의 과보로서 위대한 사람의 특징 가운데 세 가지를 갖게 되었으니, 바로 넓고 원만한 발뒤꿈치, 긴 손가락과 긴 발가락, 범천처럼 단정한 몸매를 얻는다.

이러한 특징을 가진 사람으로서 재가에 산다면 그는 전륜왕이 되어 대륙을 다스릴 것이다. 전륜왕이 되면 장수하여 오래도록 목숨을 보존하는데, 도중에 그 누구에게든 어떤 상황에서든지 목숨을 빼앗기

지 않는다. 그런데 출가하면 그는 붓다가 될 것이다. 붓다가 되어서
는 장수하게 되며, 그 어떤 사상가나 종교인, 신과 악마, 어떤 존재에
게도 목숨을 빼앗기지 않는다.

—『디가 니까야』 제3품 30번 「위대한 사람의 특징에 대한 경」

　　오래 살고 싶은 것은 만인의 바람입니다.

　　"못써! 젊은이들에게 폐만 끼치지. 그저 때가 되면 떠나야지."
이렇게 말하는 어르신들도 막상 죽음이라는 현상이 닥치면 당황
하고 겁에 질립니다. 사람은 당연히 그렇기에, 흉을 볼 수는 없습
니다. 죽음을 꺼리고 피하는 것은 살아 있는 존재의 본능이기 때문
입니다.

　　그렇다면 이렇게 장수하고 싶으면 어떻게 해야 할까요? 물론 정
갈한 음식, 적당한 운동이 필수겠지만 경전에서는 살아 있는 생명
을 죽이지 말고, 평소 모든 생명체에게 이익과 연민을 베풀라고 말
합니다. 남의 목숨을 존중하는 일이 자신의 목숨 존중으로까지 이
어진다는 것입니다. 오래 산다고 하더라도 가난하거나 병에 시달
리는 힘든 노후가 아니라 넉넉하고 건강한 노후입니다. 이런 삶을
증명하는 것이 바로 넓고 안정적인 발꿈치, 긴 손가락과 발가락, 그
리고 하늘의 신처럼 반듯하고 단정한 몸매라는 세 가지 특징이라
고 경에서는 말합니다. 절에 가서 불상을 보면 한결같이 손가락이
참 깁니다. 그러려니 하고 지나쳤지만 이제는 자신 있게 친구들에

게 알려줄 수 있습니다. 손가락이 긴 것은 장수를 상징한다고 말이지요.

"거봐, 부처님도 장수를 말씀하셨잖아. 그러니 잘 먹고 오래 사는 게 최고야."

분명 이렇게 생각하는 사람도 있을 것입니다. 맞는 말입니다. 하지만 '장수' 이전에 모든 생명체에게 '연민'을 베풀었다는 구절을 먼저 떠올려야 합니다.

수행자들이여, 여래는 전생에 어느 곳에 태어나더라도 맛 좋고 훌륭한 먹을거리와 음료수를 생명체에게 보시했다. 그는 죽은 뒤 천상의 세계에 태어나서 더 뛰어난 행복을 누렸다. 그 후 천상에서 죽어서 이곳 인간 세상에 태어나서는 그 선업의 과보로서 위대한 사람의 특징 가운데 한 가지를 갖게 되었으니, 바로 몸의 일곱 군데가 불룩하게 솟아오른 특징을 갖게 된다. 일곱 군데란 두 손과 두 발, 양 어깨와 몸통이다.

이러한 특징을 가진 사람으로서 재가에 산다면 그는 전륜왕이 되어 대륙을 다스릴 것이다. 전륜왕이 되면 맛 좋고 훌륭한 음식을 얻게 된다. 그런데 출가하면 그는 붓다가 되어 맛 좋고 훌륭한 음식을 얻게 된다.

— 『디가 니까야』 제3품 30번 「위대한 사람의 특징에 대한 경」

간단하게 줄여서 '맛 좋고 훌륭한 먹을거리와 음료수'라고 했지만 경전에는 조금 더 자세하게 표현되어 있습니다. 즉 딱딱해서 씹어 먹어야 하는 음식, 그보다는 조금 부드러운 곡물로 만든 음식, 버터와 같이 깊은 맛이 있는 음식, 죽처럼 읽어서 먹는 음식 그리고 음료수 등입니다. 그러니까 자신이 구할 수 있는 온갖 맛난 음식들을 말하는 것이지요. 이런 음식들을 아낌없이 생명체들에게 보시하면 천상에 태어날 뿐만 아니라 인간 세상에 태어나서는 언제 어디를 가더라도 세상에서 가장 맛있는 음식을 먹을 수 있다고 합니다. 그리고 이러한 장점은 몸의 일곱 군데가 두툼하게 솟아오른 외형적 특징으로 상징됩니다.

요즘은 텔레비전의 영향 때문인지 깡마른 몸매를 선호하는 사람들이 많습니다. 하지만 32상의 시각에서 보면 그건 별로 아름답지 못한 모습입니다. 영양가 있고 맛 좋은 음식을 잘 먹어서 손등과 발등, 어깨와 몸통이 도톰한 모습이 복스럽다고 경전에서는 말합니다. 이런 것을 봤을 때 32상이라는 것은 그 시대적 분위기나 당대의 미의 기준을 담고 있다고 봐야겠습니다.


## 사람을 포용하는 방법

수행자들이여, 여래는 전생에 어느 곳에 태어나더라도 사람들에게 네 가지를 베풀어 그들을 거두어 들였다. 네 가지란 보시, 사랑스러운 말, 유익한 행위, 함께 일하기이다. 그는 죽은 뒤 천상의 세계에 태어나서도 뛰어난 행복을 누렸다. 그 후 천상에서 죽어서 이곳 인간 세상에 태어나서는 그 선업의 과보로서 위대한 사람의 특징 가운데 두 가지를 갖게 되었으니, 바로 손과 발이 부드러우며, 손가락과 발가락 사이에 얇은 막이 있는 신체적 특징을 얻는다.

이러한 특징을 가진 사람으로서 재가에 산다면 그는 전륜왕이 되어 부하들, 즉 바라문, 장자, 도시민, 지방민, 재무관, 장관, 근위병, 문지기, 대신, 신하, 왕공귀족들을 능숙하게 포용하게 된다. 그런데 만일 출가하면 그는 붓다가 되어서 따르는 대중, 즉 비구, 비구니, 우바새, 우바이, 신, 인간, 아수라, 용, 건달바들을 능숙하게 포용하게 된다.

—『디가 니까야』 제3품 30번 「위대한 사람의 특징에 대한 경」


　앞서 수많은 권속을 거느리는 일에 대해서 말했지만, 자신을 따르는 사람들을 어떻게 포용하느냐도 큰 문제입니다. 크고 작은 단체에서 대중을 이끄는 자리에 있다면 반드시 기억해야 할 교리가 있으니 바로 보시섭(布施攝), 애어섭(愛語攝), 이행섭(利行攝), 동사섭(同事攝)의 사섭법(四攝法)입니다. 보시섭이란 사람들이 필요한 것을 주어서 그의 욕구를 들어주는 일입니다. 애어섭이란 물건이 아닌 사랑스러운 말을 건네어 상대방의 마음을 받아주는 것입니다. 이행섭은 상대방에게 실제로 이익을 가져오게 하는 조언을 해주는 일입니다. 마지막으로 동사섭은 함께 일하는 것인데, 주석서에 따르면 반드시 어떤 작업을 함께하는 것이기보다는 앉고, 서고, 눕고, 오가는 모든 행위를 함께하는 것을 말합니다. 즉 동고동락하는 것이 동사섭입니다. 가령 다른 사람들은 지금 노래 부르며 한가하게 즐기고 싶은데 자신은 굳이 바쁘게 일을 한다면 이것은 대중들의 뜻에 어긋나는 일로써 동사섭이라 할 수 없습니다. 사람들이 앉기를 원하면 함께 앉고, 잠시 쉬기를 원하면 함께 쉬고, 어딘가를 가고 싶어 하면 기꺼이 함께 가는 것이 동사섭입니다. 우리가 만나는 숱한 사람들은 위의 네 가지 가운데 한 가지를 상대방에게 원합니다. 사섭법은 상대가 바라는 바를 잘 알아서 그에 맞게 적절하게 하는 일이며, 그러면 대중들을 잘 거두어들일 수 있습니다.

경에서 '능숙하게 포용한다'는 말은 종종 섭수(攝受)라는 한문 표현으로 등장하기도 합니다. 바로 사람들을 거두어들이고 포용하되 능숙하게 하는 것이 중요하다는 것입니다. 남을 상대할 때는 나의 입장이 아니라 상대방의 입장에서 생각하고 행동하는 것, 즉 상대방이 무엇을 필요로 하고, 어떤 상태, 어떤 취향인지를 잘 살펴서 그에 맞게 대하는 것이 상대방을 능숙하게 포용하는 지름길이라는 말입니다.

"나는 이러저러한 것은 해줄 수 있다. 내 할 도리는 하겠다. 그러니 오든지 말든지 당신들이 알아서 해라. 내게 더 이상은 바라지 마!"

간혹 이렇게 완강한 태도로 상대방을 대하는 사람이 있습니다. 얼핏 보면 배포도 크고 제법 아량도 있어 보이지만, 이러한 자세는 진정으로 상대를 위한다기보다는 자신의 입장만 들이대는 것이라고 경에서는 말합니다.

상대방이 누구냐에 따라 탄력적이고 유연하게 대처할 수 있는 마음가짐이 더 필요하다는 말입니다. 전륜성왕과 붓다는 이와 같은 포용심을 가지고 대중을 대하는 사람입니다. 어떤 사람이든지 간에 결코 소홀히 대하지 않고, 상대방으로 하여금 소외당한다는 생각이 들지 않게 합니다. 이러한 미덕을 손가락과 발가락 사이에 물갈퀴 같은 얇은 막이 있다는 신체적 특징으로 나타내고 있는데, 아무래도 물갈퀴가 있으면 손가락 사이로 빠져나가는 것을 막을 수 있고, 게다가 부드러우니 꺾일 일도 없겠지요. 그러니 내게 찾아오는 자는 누구라도 다 거두어들일 수 있다는 겁니다.

수행자들이여, 여래는 전생에 어느 곳에 태어나더라도 많은 사람들에게 이익과 원리를 갖춘 말을 건넸다. 중생들에게 이익을 가져다주고 원리를 베풀어주는 자로서, 수많은 사람들에게 가르침을 베풀었다. 그는 죽은 뒤 천상의 세계에 태어나서도 뛰어난 행복을 누렸다. 그 후 천상에서 죽어서 이곳 인간 세상에 태어나서는 그 선업의 과보로서 위대한 사람의 특징 가운데 두 가지를 갖게 되었으니, 바로 발의 복사뼈가 도드라지고, 몸의 털이 위로 향하는 신체적 특징을 얻은 것이다.

이러한 특징을 가진 사람으로서 재가에 산다면 그는 전륜왕이 되어 대륙을 다스릴 것인데, 이 세상에서 최고로 세속의 즐거움을 누리는 자가 된다. 그런데 만일 출가하면 그는 붓다가 되어서 모든 중생들 가운데 최상이요, 유일하며 가장 고귀한 자가 될 것이다.

— 『디가 니까야』 제3품 30번 「위대한 사람의 특징에 대한 경」

주석서에 따르면, 이익(attha)을 갖춘 말이란 이 세상이나 저 세상의 이로움에 관한 말이요, 원리(dhamma)를 갖춘 말이란 열 가지 선업에 대한 법문을 의미합니다. 경전을 읽다 보면 재미있는 사실 하나를 발견하게 되는데, 바로 붓다는 사람들의 이익을 소홀히 대하거나 결코 무시하지 않는다는 사실입니다.

사람이라면 누구나 이롭기를 원하며, 손해 보는 것을 싫어합니다. 손해 보는 것을 좋아할 사람은 어디에도 없습니다. 사실 세상을 살면서 이익 하나 얻지 못하면 얼마나 삭막하고 고달플까요? 죽어라 고생했는데 손에 쥐어지는 건 아무것도 없고, 오히려 적자라면 이건 다시 생각해봐야 할 일입니다.

경전에서는 사람들이 이익을 추구하며 살아가는 것을 그대로 수긍하고 있습니다. 다만 이익을 얻고 싶으면 어떻게 해야 할 것인지를 잘 따져봐야 한다고 말하고 있습니다.

여기서 잠깐 이익의 차원에서 범부 중생과 수행자의 차이를 말씀드릴까 합니다. 범부 중생은 당장 눈앞의 이익에 눈이 멀어 뒷일을 생각하지 않는 자입니다. 수행자는 다시 두 종류로 나뉠 수 있는데, 지금 당장은 조금 손해를 보더라도 미래의 행복까지 염두에 두고 나와 남이 함께 이로운 쪽을 택하겠다고 하는 것이 선업을 짓는 수행자입니다. 종교적 생활을 하겠다고 마음먹은 신앙인은 이런 삶을 살아가야 합니다. 여기서 한 걸음 더 나아가 선업을 짓는 것에 그치지 않고 선과 악을 넘어서서 영원히 깨지지 않는 이익을 위한 길을 나선 사람은 본격적인 수행자의 길에 들어선 사람입니다.

경전에서 말하기를, 붓다는 사람들에게 이로움을 주는 말을 쉬지 않고 들려주었고, 그 결과 사람들 사이에서 으뜸가는 존재, 가장 고귀한 존재가 되었다고 합니다. 복사뼈가 도드라지고, 몸의 털이 위로 향하는 것은 바로 이러한 덕성이 신체적 특징으로 표현된 것입니다.


## 배우고 가르치는 존재

수행자들이여, 여래는 전생에 어느 곳에 태어나더라도 '내가 가장 빨리 배울 수 있고, 가장 빨리 실천할 수 있으며 오래 힘들이지 않고 할 만한 일이 무엇일까'를 생각했다. 그리하여 기술이나 학문, 품행이나 사업을 성실하게 가르치는 사람이 되었다. 그 결과 그는 죽은 뒤 천상의 세계에 태어나서도 뛰어난 행복을 누렸다. 그 후 천상에서 죽어서 이곳 인간 세상에 태어나서는 그 선업의 과보로서 위대한 사람의 특징 가운데 한 가지를 갖게 되었으니, 바로 사슴과 같은 장딴지를 얻은 것이다.

이러한 특징을 가진 사람으로서 재가에 산다면 그는 전륜왕이 되어 왕에게 어울리고 왕을 가장 즐겁게 해줄 모든 것을 신속하게 얻는다. 그런데 만일 출가하면 그는 붓다가 되어서 수행자에게 가치 있고 수행자에게 어울리며 수행자를 즐겁게 해줄 모든 것을 신속하게 얻을 것이다.

—『디가 니까야』 제3품 30번 「위대한 사람의 특징에 대한 경」〉

이 부분은 역자들마다 내용이 조금씩 다르기 때문에 조금 더 자세히 짚어봐야 합니다. 즉 '내가 가장 빨리 배울 수 있고······'라는 부분과, '성실하게 가르치는 사람이 되었다'라는 부분이, '다른 사람에게 빨리 가르칠 수 있고······'나 '성실하게 배우는 자가 되었다'라고 번역되기도 하기 때문입니다. 그런데 니까야 주석서에 따르면, "가르치는 사람이 제자들을 너무 오래 앉아 있게 하거나 지치도록 오가게 하면 장딴지의 살이 바싹 야위게 되는데, 여래는 장시간에 걸쳐 배운 것을 '신들을 포함한 세계는 이런 근거에 의한다고 알라'라고 말해서, 위로 향해 점점 굵어지는 '사슴 장딴지 같은 특징'이 생긴다"라고 말하고 있습니다. 그러니 인생에 꼭 필요한 기술을 신속하고 정확하게 잘 가르치는 스승이 되었다는 뜻인지, 먼저 자신이 그런 기술을 제대로 빨리 습득한 뒤에 가르치는 스승이 되었다는 뜻인지 문장을 조금 더 면밀하게 따져봐야 합니다.

아무튼 경전에서는 생계를 위한 기술을 빨리 제대로 익히고 잘 가르치면 다음 생에 자신의 지위에 어울리는 것들을 신속하게 얻을 수 있다고 말하며, 이러한 미덕은 사슴 장딴지와 같은 신체적 특징으로 나타난다고 합니다.


## 지혜는 물음에서 나온다

수행자들이여, 여래는 전생에 어느 곳에 태어나더라도 언제나 수행자를 찾아가서 '무엇이 옳은 일이고, 옳지 않은 일입니까? 무엇이 비난받을 짓이고, 비난받지 않을 일입니까? 무엇이 따라야 할 원칙이고, 따라서는 안 되는 원칙입니까? 어떻게 하면 오랜 세월 행복과 안녕을 누릴 수 있고, 어떻게 해서 오랜 세월 불이익과 고통을 겪게 됩니까?'라고 자주 물었다. 그는 죽은 뒤 천상의 세계에 태어나서도 뛰어난 행복을 누렸다. 그 후 천상에서 죽어서 이곳 인간 세상에 태어나서는 그 선업의 과보로서 위대한 사람의 특징 가운데 한 가지를 갖게 되었으니, 바로 피부가 매끄러워서 먼지나 때가 끼지 않는 몸의 특징을 얻는다.

이러한 특징을 가진 사람으로서 재가에 산다면 그는 전륜왕이 되어 광대한 지혜를 얻을 것이다. 세속의 즐거움을 누리는 자들 가운데 어느 누구도 그보다 더 지혜로울 수는 없을 것이다. 그런데 만일 출가하면 그는 붓다가 되어서 큰 지혜, 넓은 지혜, 명쾌한 지혜, 빠른 지혜, 예리한 지혜, 꿰뚫는 지혜를 얻는다. 중생들 가운데 그보다 더 뛰어난 지혜를 가진 자는 없을 것이다.

──『디가 니까야』 제3품 30번 「위대한 사람의 특징에 대한 경」


칠레 시인 파블로 네루다(Pablo Neruda)는 평생 수천 편의 시를 쓴, 다작을 하기로 유명한 예술가입니다. 스무 살 전후로 첫 시집을 낸 이후 시인으로서 그리고 정치인으로서 격랑의 삶을 살아온 그는 작품을 발표할 때마다 늘 뜨거운 반향을 불러일으켰습니다. 노벨문학상을 수상하고 2년 뒤 세상을 떠날 때 그의 나이는 70세였고, 『질문의 책』이라는 유고 시집을 남겼습니다.

74편의 시가 담긴 이 시집은 온통 물음표투성이입니다. 예를 들어, "왜 목요일은 스스로를 설득해 금요일 다음에 오도록 하지 않을까?", "슬픔은 진하고 우울은 옅다는 건 사실인가?", "왜 나는 원치도 않으면서 움직이고, 왜 나는 가만히 앉아 있지 못하지?", "파블로 네루다라고 불리는 것보다 더 어리석은 일이 인생에 있을까?", "슬픔과 기억 중에서 어떤 게 혁대에 더 무겁게 달릴까?", "히틀러는 지옥에서 어떤 강제노동을 할까?", "나였던 그 아이는 어디 있을까, 아직 내 속에 있을까 아니면 사라졌을까?" 등등입니다.

어떤 질문에는 답이 있을 테고, 어떤 질문에는 답이 없을 것이며, 어떤 질문은 답을 기다리지도 않고 질문 그 자체로 의미 있을 겁니다. 평생을 낭만적인 시와 고뇌하는 인간의 마음을 노래하면서 격동하는 정치의 길에서 살다간 노시인의 가슴은 이토록 절절한 질문으로 가득했던 것입니다.

인생의 마지막에 숱한 질문을 시로 완성한 노시인의 작품을 읽자니 갑자기 이런 질문이 떠오릅니다.

"그렇다면 우리는 살아오면서 혹은 살아가면서 몇 가지 질문을 품을까?"

사람을 어떤 기준으로 나눈다는 것이 조금 어리석기도 하지만, 이따금 '세상에는 두 종류의 사람이 있는데, 바로 질문을 하는 사람과 질문이 없는 사람이다'라는 생각을 하기도 합니다. 만약 이런 생각대로라면 대부분 사람은 후자에 속할 것입니다. 물론 후자에 속하는 사람들도 나름대로 할 말은 있을 것입니다. 무엇을, 누구에게 물어야 할지도 모르겠고, 쓸데없는 질문을 하느니 차라리 입을 다무는 게 낫지 않느냐고 말이지요. 또 물어봐야 들려오는 대답들은 빤할 텐데 괜히 질문한답시고 헛수고만 하는 건 아닌가라는 거지요.

하지만 세상에서 난다 긴다 하는 사람들은 대체로 질문을 일으

킨 쪽이었습니다.

"그게 뭐지?"

"왜 그렇지?"

"그래서 어떻게 된다는 거지?"

"이게 최선일까?"


"물어라. 물어야 답이 나온다."

이것은 동서고금을 관통하는 진리입니다. 경전은 대체로 제자들의 질문에서 시작됩니다. 붓다는 질문을 소중하게 여긴 분이고, 그분의 법문은 대체로 누군가의 질문에서 시작합니다. 이것은 초기경전을 아주 조금만 읽어봐도 알 수 있습니다. 심지어 "궁금한 것은 물어보시오. 뭐든 대답하겠소"라며 질문을 재촉하기도 하고, 어떤 제자의 질문이 아주 좋으면 "지금 그 질문은 네 스스로 궁금해서 한 것인가, 아니면 누군가가 그런 질문을 해달라고 부탁한 것인가"라고 묻기까지 합니다. 오죽하면 하늘의 신들이 붓다의 제자들에게 슬그머니 다가가 이런저런 말을 건네며 "붓다께 좀 여쭤보면 뭔가 말씀을 하실 것"이라며 대신 질문해주기를 청하겠습니까.

그렇기 때문에 저는 경전은 질문의 책이요, 불교는 물음의 종교라고 주저하지 않고 말합니다. 붓다의 32상을 설명하는 이 경에도 이에 딱 맞는 내용이 등장합니다.

'무엇이 옳은 일이고, 옳지 않은 일입니까?'

'무엇이 비난받을 짓이고, 비난받지 않을 일입니까?'

'무엇이 따라야 할 원칙이고, 따라서는 안 되는 원칙입니까?'

'어떻게 하면 오랜 세월 행복과 안녕을 누릴 수 있고, 어떻게 해서 오랜 세월 불이익과 고통을 겪게 됩니까?'

오래 전, 과거생에서부터 붓다는 늘 이런 질문을 품었고, 이에 대한 답을 얻으려고 스승을 찾아다녔던 사람입니다.

저 역시 강의할 때마다 "궁금한 것이나 이야기하고 싶은 것 있으면 말씀하세요"라고 말하지만, 사람들은 늘 질문하기를 주저합니다. 그런데 누군가가 질문을 맡아 놓고 하거나 반복해서 질문을 하면 대중들의 반응은 금세 싸늘해집니다. 그럴 때마다 질문하는 사람은 그 사람대로 대중의 눈치를 보고, 대답하는 저 역시 쫓기듯 서둘러 대답하고 끝을 내기 일쑤입니다. 강의를 마치고 나오는 제 가슴에는 늘 이런 질문이 떠오릅니다.

'붓다라면 어떠셨을까?'

붓다라면 질문자의 의도를 정확하게 파악하고, 질문의 내용을 간결하게 정리한 후, 핵심을 찌르는 명쾌한 방식으로 답을 주셨을 것입니다. 이때 질문을 한 사람은 물론이거니와 질문한 사람 덕분에 듣지 못할 뻔했던 것을 듣게 된 대중들은 크게 기뻐할 것입니다. 이것이 불교입니다. 물어야 합니다. 그래야 답이 나옵니다. 그 답을 곱씹고 다시 물어야 합니다. 그래야 지혜가 생깁니다. 결국 물어야 지혜가 생긴다는 뜻입니다.

부처님의 서른두 가지 신체적 특징 가운데 때가 끼지 않는 매끄럽고 섬세한 피부는 바로 전생에 숱하게 질문을 품고 답을 구하러 다닌 결과 생겨난 것이며, 그 결과 이번 생에는 지혜를 갖게 된 거라고 경전은 말합니다.

전재성 박사는 경전에서 말하는 '큰 지혜, 넓은 지혜, 명쾌한 지혜, 빠른 지혜, 예리한 지혜, 꿰뚫는 지혜'에 대한 주석서의 설명을 다음과 같이 정리해서 밝혀놓았습니다.

즉 "큰 지혜란 계행, 삼매, 해탈, 해탈지견, 37조도품, 제일의제, 열반 등에 커다란 지혜를 갖고 있는 것이고, 넓은 지혜도 마찬가지인데, 세계, 영역, 공, 언어 등에 대한 넓은 지혜를 갖고 있는 것이고, 명쾌한 지혜는 계율, 감각기관, 식사의 양을 아는 것, 경오책려, 계행, 삼매, 해탈 등에서 희열과 만족을 갖는 것, 빠른 지혜는 오온이 무상하고 괴로우며, 나라고 할 만한 것이 없다는 것을 재빨리 알아차리는 것, 예리한 지혜는 마음의 오염이나 번뇌, 악하고 불건전한 상태, 집착, 지각의 전도와 혼란 등을 재빨리 잘라버리는 것, 꿰뚫어보는 지혜는 생겨난 모든 것을 혐오하고 두려워하고 싫어하여 즐거워하지 않고 기뻐하지 않으며 온갖 탐욕과 분노 등을 싫어해서 떠나고 부수는 것을 말한다."

참고로 대림 스님은 이들 지혜를 '큰 통찰지, 광활한 통찰지, 명쾌한 통찰지, 전광석화와 같은 통찰지, 예리한 통찰지, 꿰뚫는 통찰지'라고 번역하고 있습니다.

어쨌거나 이런 지혜를 갖고 싶다면 질문을 하라!
이것이 요점입니다.


## 성난 눈으로 보지 마라

수행자들이여, 여래는 전생에 어느 곳에 태어나더라도 분노하지 않
았고 좌절하거나 매도하는 말을 하지 않았고, 미워하거나 악의를 품
지 않았으며 절대로 적대적으로 남을 대하지 않았고, 불만을 드러내
지 않았다. 오히려 부드러운 옷감을 사람들에게 보시했다. 그는 죽
은 뒤 천상의 세계에 태어나서도 뛰어난 행복을 누렸다. 그 후 천상
에서 죽어서 이곳 인간 세상에 태어나서는 그 선업의 과보로서 위대
한 사람의 특징 가운데 한 가지를 갖게 되었으니, 바로 피부가 황금
빛으로 빛나는 몸의 특징을 얻는다.
이러한 특징을 가진 사람으로서 만일 재가에 산다면 그는 전륜왕이
되어 언제나 질이 좋고 훌륭한 옷감을 얻는다. 그런데 만일 출가하
면 그는 붓다가 되어서 질이 좋고 훌륭한 옷감을 얻을 것이다.

—『디가 니까야』 제3품 30번 「위대한 사람의 특징에 대한 경」


부처님의 신체적 특징 가운데 피부색에 대한 이야기입니다. 사
람들은 눈처럼 새하얀 피부를 더 좋아하지만 경전에서 말하는 붓

다의 피부색은 황금빛이라고 합니다. 건강미가 넘쳐나는 빛입니다. 이렇게 건강한 피부색은 사람들에게 분노를 하거나 적대감을 품지 않고 저들이 원하는 대로 질 좋은 옷감을 보시한 결과입니다. 절에 갈 때마다 늘 대하는 황금빛 불상은 바로 이렇게 전생에 사람들에게 적대적이지 않고 오히려 좋은 옷감을 보시한 결과를 의미합니다.


## 내 편을 만들려면

수행자들이여, 여래는 전생에 어느 곳에 태어나더라도 오래 함께 살다가 오래 떠나 사는 친지와 친구와 다시 만나고, 아들로서 어머니와 다시 만나고, 어머니로서 아들과 다시 만나고, 아들로서 아버지와 다시 만나고, 아버지로서 아들과 다시 만나고, 형제로서 형제와 다시 만나고, 누이로서 오빠나 동생과 다시 만나고, 오빠나 동생으로서 누이와 다시 만나고, 함께 만나서 크게 기뻐했다. 그는 죽은 뒤 천상의 세계에 태어나서도 뛰어난 행복을 누렸다. 그 후 천상에서 죽어서 이곳 인간 세상에 태어나서는 그 선업의 과보로서 위대한 사람의 특징 가운데 한 가지를 갖게 되었으니, 바로 몸속에 감추어진 성기의 특징을 얻는다.

이러한 특징을 가진 사람으로서 재가에 산다면 그는 전륜왕이 되어

천 명이 넘는 아들을 얻으리니, 모두가 용맹스럽게 적군을 무찌를 것이다. 그런데 만일 출가하면 그는 붓다가 되어서 많은 아들을 얻는데, 수천 명이 되는 그의 아들은 용맹스럽게 적군을 무찌를 것이다.

— 『디가 니까야』 제3품 30번 「위대한 사람의 특징에 대한 경」

드러내놓고 말하기가 쉽지 않은 것이 성기입니다. 위대한 사람에게도 성기는 있는 법. 하지만 작정하고 들춰보기 전에는 그 신체적 특징을 발견할 수는 없습니다. 그렇다고 보여달라고 할 수도 없는 일입니다. 32상은 한눈에 봐도 알 수 있는 신체적 특징이지만 성기와 혀는 예외입니다. 그래서 이따금 초기경전에는 타종교인이 부처님을 처음 만나 서른두 가지 특징을 헤아리다가 이 두 가지 특징에서 난감해하는 장면이 종종 나옵니다. 경전에서는 바로 이때 붓다에 대한 신심이 흔들릴 불상사가 벌어지니, 붓다가 짐짓 혀를 내밀어서 그 길이를 직접 확인하게 해줄 뿐만 아니라 바람에 슬쩍 가사 자락이 벌어지게 한다거나 뭔가 특수한 삼매에 들거나 해서 몸 안에 감춰진 성기를 확인시켜준다고 되어 있습니다. 가령 『숫타니파타』에서도 바라문 쎌라에게 부처님이 이와 같은 '친절'을 베풀었다고 합니다.

고백하자면 부처님과 같은 분의 성기에 대해 말한다는 것 자체가 좀 민망스럽습니다. 하지만 경을 읽어 보면 민망하다느니 하는 마음 자체가 불순하다는 것을 알 수 있습니다. 왜냐하면 이 특징은

'성기'가 아니라 '잘 넣어져 드러나지 않고 숨겨져 있다(kosohita-vatthiguyha)'는 표현에 무게가 더 실려 있기 때문입니다. '말의 그 것처럼 몸 안에 잘 감싸져 있는 것'이라는 뜻에서 한문경전에서는 마음장상(馬陰藏相), 음마장(陰馬藏)이라 하며, 혹은 코끼리 왕의 그 것처럼 몸의 은밀한 부분이 숨어 있다는 뜻에서 음상은밀여상왕상 (陰相隱密如象王相)이라고 합니다.

그런데 숨어 있어야 할 신체적 특징이 환히 드러나지 않고 잘 감 춰져 있는 것은 대체 어떤 뜻을 담고 있을까요?

주석서에 따르면 마음이 잘 맞는 일가친척은 서로의 허물을 남 들에게 드러내지 않고 감싸주고 비밀로 해준다고 합니다. 조금 다 르게 생각해보면 우군이 아주 많이 생기는 것이라고도 할 수 있을 겁니다. 나를 도와주고 내 허물을 가려줄 내 편이 많이 생겨나는 것, 경전에서는 이를 두고 천 명이 넘는 아들을 얻는다고 표현하고 있으며, 이들이 내 군대가 되어 다른 편의 군대, 즉 마(魔)의 군대를 쳐부순다고 말합니다.

친척들은 피를 나눈 사이이면서도 친해지는 것이 쉽지 않습니 다. 차라리 피 한 방울 섞이지 않은 이웃이 친척보다 더 낫다고까 지 말할 정도니 말입니다. 하지만 일가친척끼리는 뭔가 통하는 게 분명 있습니다. 그렇기 때문에 혈연관계를 맺고 있는 사람끼리 도 와주고 아껴준다면 내 편이 되어줄 천 명이 넘는 아들을 얻는 것과 다르지 않다고 하는 것입니다. '네 편 내 편' 이런 식으로 편 가르지 않는 것이 종교가 해야 할 일이 아니냐는 항의가 들어올 법합니다. 하지만 누가 뭐래도 갈등과 잡음이 끊이지 않는 이 세상에서 내가 하는 일에 힘을 보태줄 친척을 얻는 것은 매우 중요합니다. 경에서는 이것을 부처님의 신체적 특징인 몸속에 잘 감춰진 성기로 표현하고 있는 것입니다.

## 붓다는 사람을 아는 분

수행자들이여, 여래는 전생에 어느 곳에 태어나더라도 사람들이 좋아하는 것을 잘 살펴서 사람들의 특성에 대해 훤히 꿰뚫었고, 특성에 따라 사람들을 잘 거두었다. 즉 '이 사람은 이런 곳에 알맞고, 저 사람은 저런 곳에 알맞다'라며 사람마다 지닌 차이점을 알아서 그들을 거두었다. 그는 죽은 뒤 천상의 세계에 태어나서도 뛰어난 행복을 누렸다. 그 후 천상에서 죽어서 이곳 인간 세상에 태어나서는 그 선업의 과보로서 위대한 사람의 특징 가운데 두 가지를 갖게 되었으니, 바로 니그로다 나무 같이 균형 잡힌 몸과, 똑바로 서서 팔을 내리면 두 손이 무릎에 와 닿는 몸을 얻는다.

이러한 특징을 가진 사람으로서 재가에 산다면 그는 전륜왕이 되어 부유한 자가 되는데, 큰 재산을 얻고 창고가 온갖 재물로 가득 차게 된다. 그런데 만일 출가하면 그는 붓다가 되어서는 부유한 자가 되어 큰 재산을 모으는데, 믿음, 계행, 부끄러움을 앎, 창피한 줄 앎, 배움, 버림, 지혜라는 재물이다.

—『디가 니까야』 제3품 30번 「위대한 사람의 특징에 대한 경」〉

누군가 "붓다가 어떤 존재인지 딱 한마디로 설명해보시오"라고 묻는다면, 저는 조금도 망설이지 않고 이렇게 대답하겠습니다. "붓다란 사람을 아는 분이다"라고 말이죠.

경전에서는 자신이 마주 대하고 있는 사람에 대해 붓다는 모르는 게 없다고 말합니다. 지금 상대방이 어떤 심정인지, 어떤 성격인지, 무엇을 원하는지, 조금 전에 어떤 일을 했고 어떤 상태에 놓여 있었는지, 어떻게 말을 해야 그의 가슴에 제대로 닿을 것인지…….

이 모든 것을 환히 꿰뚫고 있는 것이 붓다의 능력이요, 특징입니다. 대기설법(對機說法)이라는 말이 있습니다. 근기(根機)에 따라 설법한다는 의미로 부처님이 중생을 대하는 능력이면서도 불교에서 법문을 할 때 법사가 갖춰야 할 조건이기도 합니다. 그런데 이 대기설법도 상대방의 능력과 경향을 파악하지 못하면 할 수 없는 일입니다. 이런 능력을 갖춘 사람이 사업을 하면 큰돈을 버는 것은 따 놓은 당상입니다. 사업이라는 것이 사람을 상대하는 일인데, 상대방의 기호와 욕구를 환히 파악하니 성공하지 못할 사업이 뭐가 있을까요?

세속에 머물면 큰 부자가 되어 창고가 온갖 재물로 가득 찰 것이요, 세속을 떠나 수행해서 붓다가 된다고 해도 역시 큰 부자가 될 것입니다. 수행자나 종교인에게는 세속에서 귀하게 여기는 재산은 그리 의미가 없습니다. 종교적 차원에서 말하는 재산은 따로 있습니다. 즉 믿음[信], 계[戒], 부끄러운 줄 앎[慚], 창피한 줄 앎[愧], 배움[聞], 버림[捨], 지혜[慧]입니다. 이 일곱 가지는 깨달음을 얻기 위해 꼭 필요한 재산으로 칠재(七財) 혹은 칠성재(七聖財)라고도 불리며 경전에도 자주 등장합니다.

안락한 노후를 위해 젊을 때 한 푼이라도 더 모아야 한다고들 말합니다. 하지만 이때 모은 재산은 불안정하기만 합니다. 화폐가치처럼 덧없는 게 또 있을까 싶습니다. 게다가 투자한 돈을 하루아침에 날리는 일도 벌어집니다. 그럼에도 불구하고 우리는 안락한 노후를 위해 상당한 돈을 벌어둬야 합니다. 그리고 시대가 변할수록 그 액수는 자꾸만 커져 갑니다.

그런데 경전에서는 이번 생의 안락한 노후를 위해, 그리고 다음, 그 다음 생의 안락을 위해 재산을 모으라고 권합니다. 그 재산이 앞에서 말한 일곱 가지 재물입니다.

첫째, 믿음은 말 그대로 삼보에 대한 믿음입니다.

둘째, 계는 다섯 가지 계, 산목숨을 해치지 않고, 주어지지 않은 것은 갖지 않으며, 그릇된 성관계를 갖지 말고, 거짓말하지 않고, 술을 마시지 않는 것입니다.

셋째와 넷째, 부끄러움을 아는 것도 재산입니다. 그런데 경전에서는 부끄러움을 꼭 둘로 나눠서 말합니다. 빨리어로는 히리(hirī)와 옷땁빠(ottappa)이며, 한문경전에서는 참(慚)과 괴(愧)로 번역합니다. 똑같은 '부끄러움'임에도 사전에서는 다양한 해석을 내놓고 있는데 나카무라 하지메[中村元]의 『불교어 대사전』을 보면,

"참은 스스로 죄를 짓지 않음, 괴는 남을 잘 인도해서 죄를 짓지 않게 함. 참은 자신의 죄를 부끄러워 함, 괴는 자기 죄를 남에게 고백하여 부끄러워하면서 용서해주기를 청함 또는 남에 비해서 자기의 열등한 점을 자각하여 수치심을 느낌. 참은 사람에게 대하여 부끄러워함, 괴는 하늘에 대해서 부끄러워 함.

참은 타인의 덕을 존경함, 괴는 자신의 죄에 두려움을 느낌. 참은 자기를 관찰함으로써 자기 과실을 부끄럽게 여김, 괴는 남을 관찰함으로써 자기의 과실을 발견하고 부끄럽게 여김" 등등 다양하게 설명하고 있습니다.

또 '참'이란 스스로 돌이켜봐서 자신의 잘못을 깨닫고 부끄러워하는 것이기 때문에 '제부끄러움'으로 번역하고, '괴'는 자신이 잘못을 저질렀을 때 남을 대하는 것이 부끄럽고 수치스럽기 때문에 '남부끄러움'으로 번역하기도 합니다.

불교에서는 자신이 저지른 행동에 대해 부끄러워할 줄 아는 마음을 미덕으로 여깁니다. 뻔뻔하고 완강한 태도는 아름답지 못한 것이니, 붓다는 마음이 부드럽고 온화하며 부끄러워할 줄 아는 자

에게 호감을 가진다는 것을 경을 읽을 때마다 자주 느끼게 됩니다.

다섯째, 배움은 붓다께 들은 가르침을 잘 새기고 잊지 않는 것입니다. 그래서 들음[聞]이라는 말로 표현하기도 합니다.

여섯째, 버림은 보시를 뜻합니다. 기쁜 마음으로 상대방이 필요한 것을 주는 일도 재산입니다.

일곱째, 세상의 원리에 대해 꿰뚫어 아는 지혜[慧] 역시 종교인이나 수행자가 반드시 챙겨야 할 재산입니다.

사람들의 성향을 잘 파악해서 그들의 기호와 능력에 따라 대처하면 큰 재산을 얻을 수 있다는 것입니다. 신체적으로는 거대한 나무처럼 반듯한 몸과, 허리를 굽히지 않고도 무릎에 닿을 정도로 긴 두 팔로 나타납니다. 불상을 바라볼 때마다 유달리 긴 팔이 인상적이었다면, 그건 바로 재물을 상징한다고 이해하시면 되겠습니다. 더불어 우리 같은 세속 사람들의 재물과 붓다의 재물이 서로 다르다는 것도 이 경을 통해 알 수 있습니다.


## 결코 물러서지 않는 사자처럼

수행자들이여, 여래는 전생에 어느 곳에 태어나더라도 많은 사람의 이익과 안녕, 평안과 안온을 원해서 '어떻게 하면 이들이 믿음을 통해 성장하고, 계행과 배움과 버림과 원리와 지혜와 재물과 곡식, 토지, 가축, 처자식, 하인과 일꾼, 친구와 친척을 통해 성장할 수 있을까'라고 기원했다. 그는 죽은 뒤 천상의 세계에 태어나서도 뛰어난 행복을 누렸다. 그 후 천상에서 죽어서 이곳 인간 세상에 태어나서는 그 선업의 과보로서 위대한 사람의 특징 가운데 세 가지를 갖게 되었으니, 바로 사자와 같은 윗몸, 양 어깨 사이에 패인 곳이 없는 어깨, 골고루 원만한 상반신을 얻는다.

이러한 특징을 가진 사람으로서 재가에 산다면 그는 전륜왕이 되어 퇴전하지 않으니, 재물과 곡식, 토지, 가축, 처자식, 하인과 일꾼, 친구와 친척을 통해서 퇴전하지 않으며, 일체의 성취에서 퇴전하지 않는다. 그런데 만일 출가하면 그는 붓다가 되어서 믿음, 계행, 배움, 보시, 지혜를 비롯해 일체의 성취에서 퇴전하지 않는다.

—『디가 니까야』 제3품 30번 「위대한 사람의 특징에 대한 경」


"어떻게 하면 사람들이 조금 더 행복해질 수 있을까?"

평생 이것만 생각하고 궁리하고 기원하는 사람이 있습니다. 남의 행복과 안녕과 이익을 빌어주고 원했으니 그 복은 제 자신에게로 돌아옵니다. 경전에서는 이렇게 타인의 행복과 안녕과 이익을 바랐던 사람은 죽어서 하늘에 태어나고 그곳에서 죽어 다시 인간 세상에 태어나면 지구에서 가장 부유하고 힘센, 왕 중의 왕 전륜성왕이 되거나 그렇지 않으면 수행해서 깨달은 사람 붓다가 되는데, 자신이 지니고 이룬 것을 절대 손해 보지 않는다고 합니다.

날로 번창하고 줄어들면 안 되는 것은 다음과 같습니다.

재가자 : 현금이나 부동산과 같은 재산, 가축, 친구나 일가친
　　　　척 등.

수행자 : 믿음, 계, 배움, 보시, 지혜.

조금도 손해 보지 않고 날마다 번창하는 것을 신체적으로 표현
하면, 사자처럼 당당한 상반신, 쇄골이 드러날 정도로 움푹 패지 않
은 두 어깨, 그리고 전체적으로 풍만하게 균형 잡힌 상반신입니다.
손해 보지 않으며 살고 싶다면 늘 타인의 행복을 모색하며 살라는
뜻이 담긴 신체적 특징입니다.


## 뛰어난 미각, 건강의 상징

수행자들이여, 여래는 전생에 어느 곳에 태어나더라도 중생에게 두
손으로나 어떤 무기로라도 해를 가하지 않았다. 그는 죽은 뒤 천상
의 세계에 태어나서도 뛰어난 행복을 누렸다. 그 후 천상에서 죽어
서 이곳 인간 세상에 태어나서는 그 선업의 과보로서 위대한 사람의
특징 가운데 한 가지를 갖게 되었으니, 바로 최상의 탁월한 맛을 느
끼는 감각, 혀끝으로 닿으면 목에서 맛을 감지하고 그 맛을 모든 곳
으로 퍼져나가게 하는 감각을 얻는다.

이러한 특징을 가진 사람으로서 재가에 산다면 그는 전륜왕이 되어

건강한 몸을 얻으니, 음식을 잘 소화하고 잘 흡수하며 너무 차거나 뜨겁지 않은 몸을 얻게 된다.

그런데 만일 출가하면 그는 붓다가 되어서 건강한 몸을 얻으니, 음식을 잘 소화하고 잘 흡수하며 몸이 너무 차거나 뜨겁지 않아서 중도로서 정진을 감내한다.

—『디가 니까야』 제3품 30번 「위대한 사람의 특징에 대한 경」

붓다의 32상 가운데에서도 특히 입에 대한 특징이 여러 차례 나옵니다. 경전에서는 붓다가 대단한 미각을 지닌 존재라고 설명합니다. 눈, 귀, 코, 혀, 몸의 감각기관을 잘 다스려서 그 인상에 집착하지 말라는 평소의 가르침을 떠올려보면, 혀에 대한 이 내용은 괴리감도 조금 느껴집니다. 하지만 붓다의 미각은 예리해서 어떤 음식이든지 그 속에 숨어 있는 맛을 느낄 수 있습니다. 그렇기 때문에 아무리 거친 음식이라도 당신의 발우에 담긴 음식을 언제나 아주 맛있게 드실 뿐만 아니라 소화하는 데에도 어려움이 없습니다.

어떤 음식이 자신의 발우에 담길지 모르는 것이 탁발수행자의 삶입니다. 하지만 어떤 음식이라도 달게 먹을 수 있다면 수행자로서 이보다 더 좋은 신체적 특징을 갖출 수는 없을 것입니다. 전생에 생명체에게 위협을 가하지 않은 사람은 이번 생에 어떤 음식을 먹더라도 그 맛을 잘 느낄 수 있고 달게 먹을 수 있을 뿐만 아니라 건강한 몸을 지니게 됩니다. 아울러 경전에서는 건강한 몸을 '음식

을 잘 소화 흡수하고 몸이 너무 차거나 뜨겁지 않다'라고 설명한
다는 것도 기억해둘 만합니다.


## 부드러운 시선의 힘

수행자들이여, 여래는 전생에 어느 곳에 태어나더라도 사람을 옆 눈
으로 흘기거나 째려보지 않았고, 은밀하게 훔쳐보지 않았으며, 반듯
하게 보고 열린 마음, 사랑스런 눈빛으로 사람들을 보았다. 그는 죽
은 뒤에는 좋은 곳, 천상의 세계에 태어났다. 천상의 세계에 태어나
서도 그 뛰어난 행복을 누렸다. 그 후 천상에서 죽어서 이곳 인간 세
상에 태어나서는 그 선업의 과보로서 위대한 사람의 특징 가운데 두
가지를 갖게 되었으니, 바로 깊고 푸른 눈과 황소의 눈썹 같은 속눈
썹이다.

이러한 특징을 가진 사람으로서 재가에 산다면 그는 전륜왕이 되어
수많은 사람들이 늘 보고 싶어 하고 그들의 사랑을 받게 된다. 그런
데 만일 출가하면 그는 붓다가 되어서 수많은 사람이 보고 싶어 하
며 사람들의 사랑을 받는 자가 되니, 비구, 비구니, 우바새, 우바이,
신, 인간, 아수라, 용, 건달바가 마음에 들어 하는 자가 된다.

— 『디가 니까야』 제3품 30번 「위대한 사람의 특징에 대한 경」

사람들에게 가장 많이 인용되는 경전 구절을 꼽자면 재물 없이 할 수 있는 일곱 가지 보시, 즉 무재칠시(無財七施)일 것입니다. 일종의 백과사전이라고도 할 수 있는『잡보장경』에 실려 있는 이 이야기는 종교와 상관없이 사람들이 좋아합니다. 인터넷에서 숱하게 인용되고 있는 무재칠시에 관한 내용을 보면 환한 낯빛의 보시[和顏施]가 가장 먼저 등장합니다. 그런데 정작『잡보장경』(제6권)에는 돈 없이 할 수 있는 첫 번째 보시로 눈의 보시[眼施]가 등장합니다. 경전의 구절은 다음과 같습니다.

부처님께서 말씀하셨다.
일곱 가지 베풂이 있으니 재물을 손해 보지 않으면서도 아주 커다란 과보를 얻을 수 있다. 첫째는 눈의 베풂이니, 언제나 좋은 눈으로 부모와 어른, 수행자를 바라보되 사악한 눈으로 보지 않는 것이다. 이것을 눈의 보시라고 한다. 그리하면 죽은 뒤에 청정한 눈을 얻게 될 것이요, 미래에 부처를 이루어 하늘의 눈과 부처의 눈을 얻을 것이니 이것을 첫 번째 과보라고 한다.

그 밖의 여섯 가지 보시는 부드러운 말의 보시인 언사시(言辭施), 몸을 일으켜서 맞이하는 보시인 신시(身施), 기쁘고 선량한 마음으로 상대를 대하는 보시인 심시(心施), 부모나 어른, 수행자에게 자리를 펴드리거나 자신의 자리를 양보하는 보시인 상좌시(床座施),

자신의 집을 내어서 쉬거나 묵어가게 하는 보시인 방사시(房舍施), 환한 낯빛의 보시인 화안열색시(和顏悅色施)입니다.

상대방을 훔쳐보거나 째려보지 말고 부드러운 눈으로 바라보며, 상대방을 바라볼 때는 고개를 외로 꼬거나 흘기듯이 보지 않고 정면으로 부드럽게 마주 보는 것은 숱한 자기계발서에서도 사람을 대하는 자세 중 가장 중요한 것으로 꼽습니다. 경전에서는 부처님이 뒤돌아보는 것을 코끼리가 돌아보듯 한다고 표현합니다. 그 모습을 상상해보면 보통 사람들이 하듯이 고개만 휙 돌리거나 비스듬히 상대를 바라보지 않고 온몸을 돌려 정면으로 상대방을 바라보는, 아주 신중한 자세가 그려집니다. 그 시선에는 온화함이 담겨 있을 테고, 그와 같은 시선을 가진 사람이라면 누구라도 만나고 싶어 할 것입니다. 눈이 웃는 사람, 눈에 따스함이 담긴 사람, 눈에 배려가 담긴 사람, 눈에 믿음이 담긴 사람은 굳이 말을 하지 않더라도 상대방이 그것을 느끼기 마련입니다.

32상에서는 이런 온화한 성품을 가진 사람은 눈이 검푸르며, 속눈썹이 마치 소의 그것과 같은 신체적 특징을 지닌다고 말합니다. 깊은 인상을 주고 싶은 여성들에게 마스카라는 필수라고들 합니다만, 경에서는 상대방을 바라보는 시선에 무엇을 담느냐에 따라, 그로 하여금 다음 생에 가장 아름다운 속눈썹을 갖게 된다고 말합니다.

수행자들이여, 여래는 전생에 어느 곳에 태어나더라도 많은 사람 가운데 선구자로서 착하고 건전한 것들 곧 몸과 입과 뜻으로 선행을 하고 보시하고 계를 실천하고 포살일을 지키고, 어머니와 아버지와 수행자와 성직자와 가문의 연장자를 공경하며, 다른 높고 착한 일들을 실천하는 데 사람들 가운데 최상자였다. 그는 죽은 뒤에는 좋은 곳, 천상의 세계에 태어났다. 천상의 세계에 태어나서도 뛰어난 행복을 누렸다. 그 후 천상에서 죽어서 이곳 인간 세상에 태어나서는 그 선업의 과보로서 위대한 사람의 특징 가운데 한 가지를 갖게 되었으니, 바로 머리 위에 있는 육계(肉髻)이다.

이러한 특징을 가진 사람으로서 재가에 산다면 그는 전륜왕이 되어 수많은 사람, 즉 바라문, 장자, 도시민, 지방민, 재무관, 장관, 근위병, 문지기, 대신, 신하, 왕공귀족의 섬김을 받는다.

그런데 만일 출가하면 그는 붓다가 되어서 수많은 자, 즉 비구, 비구니, 우바새, 우바이, 신, 인간, 아수라, 용, 건달바의 섬김을 받는다.

— 『디가 니까야』 제3품 30번 「위대한 사람의 특징에 대한 경」

육계(肉髻)는 정수리에 볼록하게 살이 솟아오른 것을 말합니다. 순수한 우리말로 살상투라고도 합니다. 불상을 보면 거의 빠짐없이 볼 수 있는 신체적 특징입니다. 둥글게 솟아오른 머리 위 상투는 세상에 살면서 몸과 입과 뜻으로 선업을 짓고 계를 잘 지키고 보시를 잘 했으며, 어머니와 아버지, 그리고 연장자와 수행자를 존경한 과보라고 합니다. 그 자신이 받들어야 할 사람을 공손하고 정성스레 받들었기에 그 과보로 수많은 사람들의 섬김을 받게 되며, 붓다가 되어서는 비구와 비구니, 우바새와 우바이뿐만 아니라 인간이 아닌 존재들의 존경까지 받게 된다고 말합니다.


## 입으로 하는 보시

그밖에 32상 중 몇 가지 특징들은 입으로 짓는 선업의 결과로 얻게 된다고 경에서는 말합니다. 그 내용을 살펴보면 다음과 같습니다.

수행자들이여, 여래는 전생에 어느 곳에 태어나더라도 거짓말을 하지 않고 진실을 말하며, 신뢰할 만하고 믿을 만한 자로서, 세상을 속이지 않았다. 그는 죽은 뒤에는 좋은 곳, 천상의 세계에 태어났다. 천상의 세계에 태어나서도 뛰어난 행복을 누렸다. 그 후 천상에서 죽어서 이곳 인간 세상에 태어나서는 그 선업의 과보로서 위대한 사람의 특징 가운데 두 가지를 갖게 되었으니, 바로 각각의 털구멍에 털이 하나씩 자라고, 미간에 희고 부드러운 솜털이 나게 되었다.

이러한 특징을 가진 사람으로서 재가에 산다면 그는 전륜왕이 되어 수많은 사람, 충성을 얻게 된다. 그런데 만일 출가하면 그는 붓다가 되어서 수많은 존재들, 즉 비구, 비구니, 우바새, 우바이, 신, 인간, 아수라, 용, 건달바의 충성을 얻게 된다.

—『디가 니까야』 제3품 30번 「위대한 사람의 특징에 대한 경」

먼저, 미간백호상이라고 하는 것도 불상의 대표적인 상징입니다. 이마 사이에 보석을 박아 넣어서 표현하고 있는데 본래는 그곳에는 흰 털이 자라 있다고 하지요. 이것은 평소 거짓말을 하지 않았음을 의미합니다. 입으로 짓는 네 가지 악업 가운데 망어(妄語)를 저지르지 않은 결과이며, 이런 사람은 어디를 가더라도 모든 사람의 충성을 얻게 된다고 합니다. 말이 진실하니 믿음과 충성은 자연스레 따라올 것입니다.

수행자들이여, 여래는 전생에 어느 곳에 태어나더라도 이간질하는 말을 하지 않았다. 여기서 듣고 이들을 이간시키려고 저기에 전하지 않았고, 저기서 듣고 저들을 이간시키려고 여기에 전하지 않았다. 이간된 자를 화해시키고 상호이해를 증진시키고, 화합을 좋아하고 화합을 도모하는 말을 즐겼다. 그는 죽은 뒤에는 좋은 곳, 천상의 세계에 태어났다. 천상의 세계에 태어나서도 뛰어난 행복을 누렸다. 그 후 천상에서 죽어서 이곳 인간 세상에 태어나서는 그 선업의 과보로서 위대한 사람의 특징 가운데 두 가지를 갖게 되었으니, 바로 마흔 개의 치아와 평평하고 가지런한 치아이다.

이러한 특징을 가진 사람으로서 재가에 산다면 그는 전륜왕이 될 것이요, 그를 따르는 모든 사람들이 서로 갈라서거나 배반하지 않는다. 그런데 만일 출가하면 그는 붓다가 될 것이요, 그를 따르는 비구, 비구니, 우바새, 우바이, 신, 인간, 아수라, 용, 건달바가 서로 갈라서거나 배반하지 않는다.

—『디가 니까야』 제3품 30번 「위대한 사람의 특징에 대한 경」

붓다는 치아가 보통 사람들보다 조금 많아서 마흔 개나 되고 가지런하다고 합니다. 이것은 평소 이간질, 즉 양설(兩舌)을 저지르지 않은 결과이며, 이런 사람은 어디를 가더라도 그를 따르는 사람들이 등 돌리지 않습니다.

수행자들이여, 여래는 전생에 어느 곳에 태어나더라도 욕을 하지 않았다. 오히려 부드럽고 듣기 좋고 사랑스럽고 예의 바르며 사람들의 사랑을 받고 사람들을 즐겁게 해주는 말을 했다. 죽은 뒤에는 좋은 곳, 천상의 세계에 태어났다. 천상의 세계에 태어나서도 뛰어난 행복을 누렸다. 그 후 천상에서 죽어서 이곳 인간 세상에 태어나서는 그 선업의 과보로서 위대한 사람의 특징 가운데 두 가지를 갖게 되었으니, 바로 넓고 긴 혀와 까라비까 새의 지저귐처럼 청정한 목소리를 얻었다.

이러한 특징을 가진 사람으로서 재가에 산다면 그는 전륜왕이 될 것이요, 그의 말은 설득력을 갖게 되며, 모든 사람들이 그의 말을 환영

한다. 그런데 만일 출가하면 그는 붓다가 될 것이요, 그의 말은 설득력을 얻게 되니, 즉 비구, 비구니, 우바새, 우바이, 신, 인간, 아수라, 용, 건달바가 그의 말을 환영한다.

—『디가 니까야』 제3품 30번 「위대한 사람의 특징에 대한 경」

까라비까 새는 히말라야에 살고 있는, 그 지저귐이 매우 아름다운 새라고 합니다. 알에 있을 때부터 울었으며, 지저귀는 소리가 어찌나 아름다운지 아무리 들어도 질리지 않는다고 합니다. 가릉빈가 새라고도 하며, 극락에 살고 있고, 몸통은 새요 머리는 사람의 모습으로 그려지기도 합니다. 붓다의 음성이 매우 듣기 좋으니, 바로 이 새의 지저귐과 같다는 것이지요.

부처님의 혀가 매우 길고, 그 목소리는 까라비까 새의 지저귐과도 같아서 아무리 들어도 싫증이 나지 않는 이유는, 바로 사람들에게 욕, 즉 악구(惡口)를 저지르지 않고 부드럽고 사랑스러운 말을 건넨 결과입니다. 이런 사람은 어디를 가고 무슨 말을 하더라도 사람들이 그의 말에 귀를 기울이고 환영합니다.

수행자들이여, 여래는 전생에 어느 곳에 태어나더라도 쓸데없는 말을 하지 않았다. 올바른 때에 말하는 자로서, 사실에 맞는 말, 유용한 말, 원리에 맞는 말, 계율에 어긋나지 않는 말, 가치 있는 말을 적당한 때에 신중하고 의미 있게 했다. 그는 죽은 뒤에는 좋은 곳, 천상의 세계에 태어났다. 천상의 세계에 태어나서도 뛰어난 행복을 누렸다. 그 후 천상에서 죽어서 이곳 인간 세상에 태어나서는 그 선업의 과보로서 위대한 사람의 특징 가운데 한 가지를 갖게 되었으니, 바로 사자와 같은 턱을 얻었다.

이러한 특징을 가진 사람으로서 재가에 산다면 그는 전륜왕이 될 것이요, 제아무리 호전적인 적이라 해도 침탈당하는 일이 없다. 그런데 만일 출가하면 그는 붓다가 될 것이요, 내적인 적과 외적인 적, 즉 탐욕과 성냄과 어리석음, 그 어떤 사문 · 바라문이나 천상의 신, 세상 그 누구에게도 절대로 침탈당하지 않을 것이다.

— 『디가 니까야』 제3품 30번 「위대한 사람의 특징에 대한 경」


부처님의 턱은 뾰족하지 않고 사각턱에 가깝습니다. 언제나 올바르고 가치 있고 이치에 맞는 말을 때에 맞게 한 결과입니다. 입으로 짓는 악업 가운데 꾸밈말, 즉 기어(綺語)를 저지르지 않은 결과로 이런 선업을 지은 사람은 어느 누구에게라도 침탈당하지 않습니다.

그렇다면 불교에서는 올바른 말에 대한 정의를 어떻게 내릴까요?

올바른 말이란, 첫째 사실에 맞는 말, 둘째 이로운 말, 셋째 이치에 맞는 말, 넷째 계율에 어긋나지 않는 말, 다섯째 가치 있는 말, 여섯째 적당한 때에 신중하게 하는 말 등 이렇게 여섯 가지 조건을 갖춘 말을 불교에서는 올바른 말이라 했습니다.


## 옳은 직업의 예

수행자들이여, 여래는 전생에 어느 곳에 태어나더라도 잘못된 방법으로 생계를 유지하지 않았다. 그는 언제나 올바른 생활을 영위하는 자로서, 저울이나 치수를 속이지 않았고, 뇌물을 주고받지 않았으며, 사기 치지 않고 성의 없게 일하지 않았으며, 생명체를 다치고 죽이고 묶는 일을 하지 않았고, 남의 재산을 약탈하거나 침입하지 않으며 폭력을 쓰지 않았다. 그는 죽은 뒤에는 좋은 곳, 천상의 세계에 태어났다. 천상의 세계에 태어나서도 더 뛰어난 행복을 누렸다. 그 후 천상에서 죽어서 이곳 인간 세상에 태어나서는 그 선업의 과보로서 위대한 사람의 특징 가운데 두 가지를 갖게 되었으니, 바로 간격 없이 고른 치아와, 희고 빛나는 치아를 얻었다.

이러한 특징을 가진 사람으로서 재가에 산다면 그는 전륜왕이 되어 한결같이 청정한 무리를 얻는다. 그런데 만일 출가하면 그는 붓다가 되어, 청정한 무리가 그를 따를 것이다.

세존께서 이렇게 말씀하시자 수행자들은 말씀을 찬탄하며 기뻐했다.

—『디가 니까야』 제3품 30번 「위대한 사람의 특징에 대한 경」

붓다의 서른두 가지 신체적 특징 가운데 벌어지지 않은 치아와 하얗게 빛나는 치아의 특징은 직업과 연관되어 있습니다. 우리는 먹고살기 위해 직업을 갖습니다. 그리고 그 일이 어떤 성격이든지 상관없이 이윤을 내야 합니다. 돈을 벌지 못하는 일은 직업이 될 수 없습니다. 그렇다면 어떤 직업을 가져야 좋을까요? 초기경전에 딱히 권하는 직업은 나와 있지 않지만, 대신 『앙굿따라 니까야』에서 재가자가 피해야 할 몇 가지 직업을 들고 있습니다. 무기를 파는 일, 사람을 파는 일, 고기를 파는 일, 술을 파는 일, 독극물을 파는 일 등이 그것입니다.

이뿐만 아니라 저울을 속이지 않고 뇌물을 주고받지 않으며 사기를 치지 않고 성의 있게 일을 하고 남을 다치게 하지 않는 일에 종사하는 것을 권장하고 있습니다. 그렇게 가릴 것 다 가리면 어떻게 돈을 벌겠느냐고 항변할 수도 있습니다만, '돈벌이' 따로 '신앙생활' 따로가 아닙니다. 불자에게는 직업 그 자체가 수행입니다.

경에서는 남을 속이지 않고 돈을 번 사람은 그 행위의 공덕으로 다음 생에 그 주변 사람들도 한결같이 청정해진다고 말합니다. 말을 할 때 가지런하고 새하얗게 빛나는 치아는 참 좋은 인상을 안겨줍니다. 또한 경에서는 이런 신체적 특징이야말로 그 사람이 전생에 좋은 직업을 가지고 성실하게 일했음을 증명한다고 말합니다.

## 참 또렷한 성불의 길

지금까지 부처님의 서른두 가지 신체적 특징을 살펴보았습니다. 절에서 만나는 불상은 위와 같은 특징을 바탕으로 만듭니다. 물론 아무리 전통을 지킨다고 하더라도 불상에는 시대적, 문화적 차이가 담길 수밖에 없습니다. 또한 앞에서 살펴본 32상과 80종호가 불상에 모조리 담겨지는 것도 쉽지 않습니다. 하지만 이 경을 통해 우리는, 붓다가 되기까지 전생에 어떤 선업을 지어야 하는지를 알 수 있습니다. 바로 선업에 대한 증거가 서른두 가지 신체적 특징으로 표현되는 것이 32상이니까요.

그렇다면 이렇게도 생각해볼 수도 있지 않을까요?

붓다란 어려운 교리를 완전히 꿰뚫고 이해해야만 되는 것이 아니라, 위에서 말한 선업을 몸으로 살아내야 이룰 수 있는 것이라고. 팔만대장경을 다 읽을 수는 없습니다. 다 읽을 필요도 없습니다. 하지만 32상을 갖추기까지 전생에 행했던 선업은 하나도 빠뜨려서는 안 될 것 같습니다. 그 선업이 그 사람을 왕 중의 왕으로 이끌거나 진리의 왕 붓다로 완성시켜줍니다.


절에 가면 늘 보게 되는 불상들.

사람들은 신발을 벗고 들어가지도 않습니다. 고개만 삐죽 안으로 넣고 휘 둘러본 뒤에 이렇게 말합니다.

"이 불상이나 저 불상이나 다 그게 그거지, 뭘……"

딱히 틀린 말은 아니지만, 32상에 담긴 뜻을 이해한다면 불상을 바라보는 시선이 이제 달라지지 않을까요?

"어휴, 부처님은 왜 저리 가슴이 발달했지?"

"손가락 좀 봐. 엄청 기네."

"머리 위에는 상투를 트셨나?"

"팔도 무척 길지 않아?"

"이마 사이에 있는 저건 대체 뭐지?"

이런 질문들이 터져 나올 때, 그 물음표 속에 어떤 선한 행위들이 담겨 있는지를 떠올릴 수 있다면 절에서 불상을 바라보는 그 짧은 시간이 붓다를 생각하는 시간이 될테지요.

뿐만 아니라 성불하고 싶다면 앞에서 들려준 선업을 차곡차곡 쌓아야 함을 알 수 있습니다.

성불의 길이 막연하지 않고 한결 분명해지는 것 같지 않습니까?

죽으면 무엇이든 내려놓고 가야 하네.

돈과 보석, 창고에 쌓인 곡식이며 그 모든 소유물,

심지어 제가 부린 하인이나 친한 사람들도 모두 놓고 가야 하네.

그가 가지고 가는 것은 오직 하나,

몸과 입과 뜻의 업이네.

이것이야말로 그의 것이니 그는 죽을 때 이것만 가지고 가네.

그림자가 그를 따라다니듯 이것만 그를 따라다니네.

그러므로 좋은 일을 해서 미래를 위해 공덕을 쌓아야 하리라.

공덕이야말로 다음 생에 중생이 의지할 언덕이 되리라.

— 『쌍윳따 니까야』 제1권 20번 「아들 없음의 경 ②」

# 붓다 한 말씀

2013년 11월 25일 초판 1쇄 발행
2025년　4월 30일 초판 7쇄 발행

지은이 이미령
발행인 박상근(至弘) • 편집인 류지호 • 편집이사 양동민
편집 김재호, 양민호, 김소영, 최호승, 정유리 • 디자인 쿠담디자인
제작 김명환 • 마케팅 김대현, 김대우, 이선호, 류지수 • 관리 윤정안
콘텐츠국 유권준, 김회준
펴낸 곳 불광출판사 (03169) 서울시 종로구 사직로10길 17 인왕빌딩 301호
　　　대표전화 02) 420-3200 편집부 02) 420-3300 팩시밀리 02) 420-3400
　　　출판등록 제300-2009-130호(1979. 10. 10.)

ISBN  978-89-7479-042-4 (03200)

값 15,000원